世界を配給する人びと

遠いところの声を聴く

アーヤ藍 編著

斉藤亮平
大川史織
武末克久
大平和希子
遠藤 励
岡田林太郎

春眠舎

はじめに

「配り与える・支給する」といった意味をもつ「配給」。きっと多くの人が、戦時中に食料や衣類などを割り当てた「配給制度」のことを考えるであろうこの言葉を、なぜタイトルに選んだのか。それは映画配給の仕事と出会ったことで、今の私があると言えるからです。

製作された映画を買い付けて、映画館で上映するための準備をし、多くの人にその映画を届けるためのさまざまな工夫をすることが映画配給会社の役割です。監督や出演者のように表に立つのではなく、作品を裏側から支えるような存在ですが、作り手と観る人をつなぐ大事な橋渡し役です。特に海外のインディペンデント系の作品の場合、「この作品を日本にも届けたい！」と思う配給会社や個人が作品を買い付けて上映しなければ、日本で存在さえ知られることがなかった作品も少なくないと思います。

完成した映画を社会に届ける大事な役割を担っているという責任感や、作品の魅力やメッセージを世の中に広げるための自分なりのアイディアや工夫を凝らすおもしろさから、私は「配給」という仕事を愛しく思ってきました。

映画だけではありません。自分が大切に思うものや守りたいものを心からの言葉で伝える人たちがいることで、初めて知ることができる世界があり、その人たちが伝えてくれるからこそ、私たちもその存在を愛しく大切に感じることができる。

伝え方は、音楽や料理であったり、はたまた写真であったり、教育やビジネスであることもあります。多様な形をとりながらも、自分の胸の中に抱いている大事なものを世界へ届け、分かち合おうとする人たちは、広義でいえば私と同じ「配給している人」なのではないかと思うのです。

本書は、そんな5人の「配給する」畏友たちの声を編んだ一冊です。日本から物理的・心理的距離が遠く、あまり知られていない国や地域のことを日本へ届け、伝えている人たちです。

＊

大学入学から間もない頃、私の家族は両親の離婚をきっかけにバラバラになりました。

「家族が第一」とよく言われて育ったこともあり、当時の私には相談できるような他の居場所もなく、人生の迷子になってしまい、一時は生きる意味を見失いそうにもなりました。いわば人生のどん底に落ちた時、私は家族のような居場所を探しはじめました。振り返ると、自分が育った家庭以外の多様な家族のカタチに触れてみたかったのだろうと思います。それが特に現れたのが世界を旅する時でした。旅先の土地に暮らしている友人の家に泊まらせてもらい、友人の家族とも一緒に時間を過ごすことが、いつしか自分にとって旅の醍醐味になりました。

「もっと食べて大きくならなきゃ！」とご飯をもりもりよそってくれ、「この国に嫁いできなさい」と言ってくれたエジプトのお母さん。兄弟姉妹たちの一員になったように一緒にチーズフォンデュを食べ、ボードゲームで大笑いしたスイスでの夜。「私の日本の娘よ」と言って、腕を組みながら街を歩いたり、お風呂上がりに髪を乾かしてくれたモロッコのお母さん。ベッドの縁に座りながら姉妹のように人生の深い話をしたメキシコやペルーの友人たち……。

お客さんとして歓待することとは少し違って、自分の子どもや兄弟姉妹のように家族の内側に迎え入れてくれた時間は、私に生き続ける力を与えてくれました。血縁関係がなかったとしても、言葉や宗教、文化などの違いがあっても、人は深い優しさを交わすことができる。人間は素敵な生き物かもしれないと感じました。

同時に、「居場所のあたたかさ」を感じさせてくれた大切な人たちが直面している社会問題や、その人たちが暮らす国で起きた事件や災害などのニュースを、どんどん他人事には感じられなくなっていきました。

旅を通じて世界のことが自分に近くなってきた中で働き始めたのが、環境問題や人権問題、戦争や紛争など社会的メッセージ性の強い映画の配給を行う、ユナイテッドピープル株式会社です。同社での3年間で、世界のさまざまな国で製作された、幅広い社会問題を映し出している映画たちに出会いました。日常的にそういう作品に触れていると、映画を通じて知った世界の問題を旅先で目の当たりにすることや、逆に、旅先で見聞きした具体的な事象から、映画で学んだ社会や経済の構造について俯瞰して考えることが増えました。

たとえば、サハラ砂漠でお世話になった同年代のラクダ使いのお兄さんは、それまで映画で見聞きしていた「学校に行ったことがない人」でした。それでも彼は、旅人との会話で多言語を覚えていました。

マーシャル諸島共和国には、ごみの焼却施設がないため、収集されたごみは山積みにされています。そのごみの山に足を踏み入れた時、それまで映画を通じて私もいろいろ発信していた環境破壊の問題を、ぬめっとした足の裏から全身で感じました。

リゾート地のフィリピン・セブ島にダイビングのライセンスを取りに行った時は、きれいなビーチほど海外資本の高級ホテルがプライベートビーチとして独占していることに気づきました。本来は地元の人たちの海なのに、資本主義経済においてはお金を持つ人が権利を有するというある種の理不尽さに、それまで映画で触れてきた資本主義が抱えるさまざまな問題の一つを感じました。

そんなふうに映画と旅とがリンクし、その両軸から世界と向き合うようになっていくうちに「世界の重なり合い」を感じることも多くなっていきました。遠く離れた異なる国々でも、似通う歴史背景が存在していたり、グローバル化や資本主義の影響を同じように受けていたりすること。また、一見まったく関係ないように思える戦争の問題と自然環境の問題でも、実は似た世界の構造から生じていることに気づきました。

そうした世界の複雑な重なり合いについて知り考えることがきっと、繰り返される問題や負の歴史のループから抜け出す糸口になるはず。でも自分が感じる重なり合いを抽象的な言葉だけではうまく伝えきれないもどかしさも感じてきました。

＊

そこで本書の企画を思いついたのです。私が「世界の重なり合い」を教わってきた人たちに、それぞれの国のことを話してもらい、それを並べて見てみたら、自ずと共通する構造が浮かび上がってくるのではないかと。

話を聞いた5人は、シリア、マーシャル、マダガスカル、ウガンダ、グリーンランドと、日本から物理的・心理的距離が遠く、世界史の教科書で名前が挙がることがほとんどない国や地域に、心を寄せ続けています。

彼らは働き方やその国とのつながり方もばらばらですが、いくつか共通点があります。一つは旅以上・定住未満であること。単発の旅行ではなく、より深いつながりをその地域と育み続けています。もう一つはそれぞれの国が抱える問題にもしっかりと目を向けながら、それに対して悲観的でも楽観的でもないこと。これは私自身が大事にしたいと思っている姿勢でもあります。そして三つ目は、その国から受け取ったものを、自分の思い出や経験として心のうちに留めておくだけではなく、届けたい、つながりたいという想いをもって、日本へ伝えていることです。それは冒頭で書いた「配給すること」だとも言えるでしょう。しかもひとりで、です。もちろん仲間や協力、応援する人たちはいますが、独立した自分の意思で「配給している」人たちだと私は感じます。

そんな5人に、ライフヒストリーやそれぞれの国と出会ったきっかけ、足を運び続ける理由、日本の人にその国について知ってもらう意味などを話してもらいました。5人の世界との関わり方や、その国との出会いがもたらした人生の変化に触れていくうち、この本を手に取ってくれたあなたもきっと、（もっと）世界と出会いたいという想いが湧いてくるのではないかと思います。

また、5つの国や地域の歴史的背景や今現在直面している問題を見つめていくと、いわゆる「大国」や「強国」側による影響が共通して浮かび上がってくるはずです。そこから受け取ったものをどのように生かして、どんな未来をこれから創っていきたいか、あらためて考える出発点になれれば嬉しく思います。

なお本書では、5人の語り手たちの話に加えて、彼らの話の内容に関連する映画の紹介と、映画配給の仕事の概要や配給の仕事での思い出などを綴った私のコラムも入れています。関心の向くところから読んでみていただければ幸いです。

では、そろそろ出発です！　本文に入る前に、一度目を閉じて、ゆっくりと深呼吸をしましょう。頭の中に空港を思い描いてみてください。右手にはパスポート、左手には航空券があります。さあ、「遠いところ」への旅へ行ってらっしゃい！

※インタビューは2020年から2021年にかけて行いました。
各国や地域の情勢、関連する表現はインタビュー時を基準としています。

世界を配給する人びと遠いところの声を聴く

目次

〈優しきひとさらい〉と出会うシリア

1

Ryohei Saito

斉藤亮平

インタビュー日：2020.11.10

２０１１年３月。そう聞くと、東日本大震災のことを思い浮かべる人が多いと思う。私はあのとき、中東・シリアにいた。大学のアラビア語の研修で１ヶ月間滞在していたのだ。

シリアにいた、という話を切り出すと、相手は十中八九、ふっと暗い顔になり、あるいは驚いた表情で、「そんな危ないところに……」という反応をする。今の日本では「紛争」や「難民」というワードとともに聞くことが多い国だからだろう。だが、そういう反応に触れるたびに私の胸はちくっと痛む。わずか1ヶ月の短い期間ながらも、私が経験したシリアには優しさと明るさが詰まっていたからだ。

アラビア語のチューターとして一緒に過ごしてくれたアレッポ大学の学生たちは、たどたどしい私のアラビア語にも真摯に耳を傾けてくれ、言葉でのコミュニケーションの中身は深くはなかったものの、ぎゅっと距離が縮まって大事な友達になった。世界遺産にもなっている歴史ある市場を散策しているときには、「お茶を飲んでいけ」と声をかけてくれるおじさんや、友人を待っている時に自分が座っていた丸椅子を差し出してくれたおじさんもいた。日本で東日本大震災が起きた時には、休みの日だったにもかかわらず心配して駆けつけてくれた友人もいたし、「日本のために祈っている」と涙ぐみながら声をかけてくれた市場のおじさんや、「元気を出して」とでも言うように、クレープをおまけで出してくれた飲食店の人もいた。

もちろん、ユートピアみたいな場所と言うつもりはない。車の運転が荒い人が多いうえ、車線がない道も多く無秩序な状態だったため、滞在中に事故に遭わないか不安だったし、馴染みの店で出てきた白米が腐っていたこともある。大学構内では「チンチャンチョーン」とからかうような言葉をかけられることも日常だった。ちなみに「チンチャンチョン」はもともと英語圏で生まれた、アジア系に対する差別的な言葉だが、シリアで投げかけられたそれは差別的な響きではなく、珍しい日本人の気を引きたい……という感じだった（実際、見知らぬシリア人から一緒に写真を撮って、と求められることも少なくなかった)。

ただ、今日本で「シリア」と言った時に返ってくるような「悲惨な」「怖い」というイメージの場所ではまったくなかった。むしろ現地でイスラーム教の礼拝堂モスクを訪れた時、老若男女の人たちが暖かな陽だまりのもと、とても穏やかに過ごしているのを見て、「平和」という言葉が頭の中に浮かんできたのを今でもはっきり覚えている。あの頃日本では、原子力発電所からの放射性物質の流出や計画停電、物資不足といった事態が起きていて、日本のほうがよっぽど恐ろしい場所に思えた。

シリア滞在期間後半に、中東一帯での民主化運動の波「アラブの春」の影響を受けて、シリアでも反政府デモが起き始めた。私が滞在していたアレッポでも、大統領を賛美するデモが起きるようになった(そのデモは「官製」つまり政府からの命令で行われていたと後から知った。のちにアレッポは反政府勢力の中心拠点になった)。それでも周りのシリアの友人たちは「シリアは大丈夫。すぐに落ち着くよ」と言っていたし、実際、当時はお祭り騒ぎのようなデモばかりで、切迫感も悲壮感もなかった。だからアレッポを去る日の朝、泊まっていた寮の部屋にまぶしく差し込んだ真っ赤な朝日を見ながら、「絶対もう一度ここに来る」と誓った。もっとアラビア語を勉強して、もっとシリアの友人たちと交流をしたい。そう強く想った。それがこんなにも叶えるのが難しい誓いになるとは微塵も思わなかった。

帰国からまもなく、シリアの情勢は一気に悪化した。たくさんの思い出があったアレッポ大学も、平和を感じたモスクも、爆撃により粉々になり、顔なじみになったおじさんたちが楽しそうに働いていた市場も、炎に包まれて黒焦げになった。ＳＮＳ上にはシリアで出会った友人たちの悲痛な声があふれた。

それまで本や映画あるいはテレビなどで触れてきた世界各地の「戦争」や「紛争」。それが、ついこの間まで一緒にご飯を食べ、笑い合っていた友人たちに降りかかったとき、とても「大変だね、かわいそうだね」で流すことはできなくなった。同じ今この瞬間に同じ地球上で、私が平和な日常を送れて、友人たちが死の恐怖と隣り合わせにいることに納得できる理由を見つけられなかった。ＳＮＳ上のシリアの友人たちの声は停電やインターネットの遮断、監視されている懸念などもあってか、どんどん見られなくなっていったが、それでも忘れることはできずにいた。

でも当時、日本のメディアでシリアのことが取り上げられることはごくわずか。シリアのために何かしたいという想いと、日本でシリアのことに関心を持ってくれる人なんていないんじゃないかという気持ちとが、心の中で拮抗した。

もどかしさを感じながらも、日本にあるシリアのカケラを探していたなかで出会ったのが斉藤亮平さんだ。ここでは普段呼んでいる「ざいちゃん」という愛称で書かせてほしい。ざいちゃんは紛争状態になる前の２００７年から2年間、青年海外協力隊の音楽隊員としてシリアで働いていた。平和な時代を知っているからこそ、危機的状況に陥ったシリアのために何ができるだろうかと模索したざいちゃんは、その後ヨルダンのザアタリ難民キャンプでシリア難民の支援にも従事した。私が出会ったのは、その任期を終えて帰国したタイミングだった。

ざいちゃんが語るシリアには、いつも愛情が詰まっている。「かわいそうな国」「怖い国」として、どこか灰色がかって見えてしまうシリアに、平和だった頃のカラフルな彩りが戻っていくような、そこに生きる人たちの一人一人の息遣いが感じられるような、そんな話を紡いでくれる。加えて、ざいちゃんは料理も得意で、シリア人から教わったシリア料理も作ることができる。そんなざいちゃんと一緒に、日本でもシリアのことを知ってもらう・考えてもらうイベント、特に、シリアの大変な状況だけではなく、魅力的な部分や、私たち日本の人たちと違わない部分も感じてもらえるようにという想いを込めたイベントを何度も開催してきた。

私がシリアを訪れた時からすでに10年以上の歳月が経ち、わずかな「私が知っているシリア」は、何の役にも立たなくなってしまったように思う。それでも「シリアのために自分ができることはやりたい」という想いと「いつか必ず再びシリアに行きたい」という想いを私が抱き続けられているのは、ざいちゃんという、シリアのことを一緒に語り合えて、シリアに生きる人たちへの感謝と愛情を思い出させてくれる人がいるおかげだ。

シリアへ旅立つ前に

○ハーフェズ・アサド前大統領と、その次男であるバッシャール・アサド現大統領が、1970年から50年以上にわたって政権を握り続けている。

○2010年末から2011年3月に中東・北アフリカの複数の国で広がった体制転換と民主化を求める運動「アラブの春」の影響を受けて、シリアでも2011年3月からデモが起き始める。

○そのデモを政府が過剰に弾圧した結果、シリアは内戦状態となっていった。

○その内戦に、周辺諸国（トルコ、ロシア、ヨーロッパ諸国、アメリカ等）がそれぞれの思惑のもと様々な形で関与し、さらにはイスラーム過激派も流れ込んだことで、状況は泥沼化した。

○混沌とした情勢下のシリアから国外へ逃れ、難民となった人は、一時人口の4分の1にあたる約660万人にのぼった（2019年時点）。2024年現在もシリア国内で避難生活を強いられている人が720万人、周辺国に逃れている人が500万人以上いる。

冒険しないタイプだった青年から、世界を飛び回るバックパッカーに

高校時代までは、冒険せずに安全牌をとるようなタイプだったんだ。海外に行ったこともなくて、ほぼ毎日が地元の東京都葛飾区で完結してた。今その頃の友人と再会すると「すごく変わったね」って言われるし、自分でも、今のような人生を歩むとは想像だにしてなかった。

人生ががらりと変わったのは大学時代かな。勉強もそんなにできるわけではなかったから、唯一好きだった音楽の道に進むことにして、国立音楽大学の音楽教育学部に進学した。といっても、プロの道を目指す気持ちがあったわけではなくて、「将来、音楽の先生になるのもいいかな」ぐらいのぼんやりとした夢だったけど。

そんなある日、大学構内に貼られていたポスターが目に留まったんだよね。青い空と緑の広い大地が広がる写真に「奔流中国モンゴル乗馬キャラバン参加者募集！」って書かれてた。海外に行ったことも、乗馬をしたこともなかった自分が、なぜそのポスターに惹かれたのか分からないんだけど、でも衝動的に「これは行かないと！」って思って、すぐ申込書を送った。

モンゴルの大草原を馬で駆け抜けるって言ったら、爽やかなイメージが湧くかもしれないけど、実際のツアーはすごく過酷だったんだよね。そもそもモンゴルまで行く道のりも、

まずは中国まで船で行って、そこから寝台列車で内モンゴルまで移動するっていう、それだけでも体力を消耗するルート。さらにそこから馬に乗り続けるでしょ。全身筋肉痛になるわ、お尻は擦れるわで、なんでお金を払ってこんな苦労しているんだろうって思うような旅ではあったね。

でも、そんな一般的な旅行とは違う旅だったからこそ「覚醒」したのかな。日本とは違う空の広さや空気の香り、言葉のリズムが、五感すべてを通じて、自分の内側を広げてくれるような感覚があった。世界はなんて広くて美しいんだろうって、陳腐だけど、そう思わずにはいられなかった。

自分が知らない世界をもっと見てみたいと思って、そこからバックパッカーになったんだ。インド・ネパールに40日滞在したり、星野道夫を読んでアラスカに行ったり、中東エリアも、トルコ、シリア、ヨルダン、パレスチナ、イスラエルって周ったかな。同級生はヨーロッパの方に旅行や留学に行くことが多かったから、周りに比べたら少し異色だったかもね。でも、中東の音楽は中東の音楽で、それまで慣れ親しんできた西洋音楽とは違った響きがあって、細胞レベルの心地よさみたいなものを感じるんだよね。

中学高校の頃は世界史もまったく興味がなかったしカタカナを覚えるのが苦手で、赤点ギリギリの点数を取ったこともあるぐらい、最低限の知識しかなかったんだけど、知らない分、現地に飛び込んだときの衝撃も大きかったし、自分の目の前に広がったものをそのまま受け止められたような気もするね。日本にいると宗教を感じることもほとんどないじゃない。でも、南アジアに行ったらヒンドゥー教が、中東に行ったらイスラーム教がベースになった暮らしがあって、「あぁ宗教って人間の礎になるものなんだな」って直感的に学んでいくような感じだったね。自分がそれまでに歩んできた日本の暮らしとは違うことがたくさんあったけど、それを不快に感じることは全然なくて、むしろもっともっと、自分が知らない世界を見つけていきたくなった。

とはいえ、当時、英語もそんなにしゃべれたわけではないから、自分でもよく行ってていたなって思うんだけど（笑）。旅行者って期限が決まっているから、普段とは違う短期的なエネルギーが湧いてくるし、今みたいにインターネットはあまり発達していなかったけど、バックパッカー向けの宿に泊まると過去の旅人たちが書き残してくれた情報ノートとかがあったから、あまり不自由はしなかったよ。これから旅する人たちには、言語はできるだけ身につけて旅したほうがいいって勧めるけどね（笑）。

就職活動の選択肢は協力隊の一択　文明の十字路シリアへ

大学時代、長期休みのたびに、そんなちょっと変わった旅を重ねてしまったから、就職活動の時にも、一般企業には全然食指が動かなくてね。自分が好きな音楽と世界への好奇心とが掛け合わさる選択肢を探していたら、青年海外協力隊（以降、協力隊）の音楽隊員の存在を知って、「これだ！」って。一択だったね。

国際協力っていうと「援助したい」っていう気持ちが強いように思われるけど、自分の場合は「音楽教育でこどもたちと関わりたい」という気持ちと、「同化したい」っていう想いも強かった。自分と彼らの間に境界線があるのなら、そこを越えたいような感覚が強かった。

協力隊では赴任先の希望を出すことができるんだけど、音楽隊員の枠は少なかったから、自分は、どこでもいいですって、特に希望を書かずに提出した。そうしたら合格通知に記載されていた国名が「シリア」だった。

いま、「以前シリアで働いていたんです」って話をすると、「そんな危ない国に?!」っていう反応をされることも多いけど、シリアって混乱状態になる前は、バックパッカーに人気の国だったんだよ。自分もアジアで知り合ったバックパッカーたちから「シリアはすごく人が良かったよ」とか「シリアは物価が安くて旅行しやすいよ」って聞いていたから、大学時代に中東を旅した時は、一番長く滞在した国でもあったんだよね。だから派遣国がシリアに決まった時も、アラビア語をちゃんとしゃべれるようになるかとか、自分がちゃんと活動できるかとかの不安はあっても、国そのものに対する不安は全然なかった。

そうして2007年1月から協力隊員として、シリアのハマという町に暮らし始めたんだ。ハマは町中に大きな水車がいくつもあるのが特徴の場所。春先は川沿いに黄色い菜の花が咲いて、本当に素朴な町だった。

自分の活動は、ハマにあるパレスチナ難民キャンプのこどもたちに音楽を教えること。難民キャンプっていうと白いテントが並んでいるイメージが浮かぶかもしれないけど、当時このキャンプはできてから60年近く経っていたから、建物もコンクリートだったし、お店とかも普通にある一つの「街」になっていてね、ちょっと人口密度が高いとはいえ、シリア人が暮らす周囲の街並みとさほど変わらなかった。パレスチナ難民の人たちの権利も、シリア国民と同一とまではいかないものの、たとえばシリア国外に出たいときには申請すれば許可は下りやすかったり、シリア政府はかなり寛容だったみたい。

シリアという国には、パレスチナ難民の人たちにかぎらず、いろんな民族・宗教の人たちが混ざり合って住んでいるんだよね。モスク（イスラーム教の礼拝堂）とキリスト教の教会が隣り合って立っているところもいっぱいあったし、僕がいたハマにもクリスチャンの地域があったよ。北東部を中心に、「国をもたない最大の民族」と言われるクルド系の人たちも多いし、ベドウィン族（砂漠の民）の血を引く人たちが多い地域もあった。自分とは違う民族や宗教の人に対して、もちろん心のうちで思うことがある人もいたかもしれないけど、でも、共存することに誇りを持っている人も多かったんじゃないかな。

もともとシリアって「文明の十字路」と言われていて、アジアとヨーロッパの中間地点に位置しているから、さまざまな文化が混ざり合って織り成されてきた場所なんだよね。

それは自分が好きな料理にも感じる。シリアの料理は他の中東圏の国々と比較しても、圧倒的に美しくて、味も繊細なんだよね。見た目が茶色とか黄色だけにならないように、配色も考えられているし、たとえばよくサラダにトマトの皮を薄く剥いて作ったバラの花が載っているんだけど、そういう細かい技を凝らして盛り付けにもこだわっている。シリアやヨルダンあたりの料理には、野菜や豆をペースト状にしたものもよくあるんだけど、そういうのも深いお皿にどんって入れて出すんじゃなくて、平たい皿に広げてスプーンの背で波型の模様をつける。家でアラブ料理とかいろんな国の料理を作るんだけど、シリアの料理をつくるときが一番盛り付けにこだわっちゃうんだよね。現地できれいに盛り付けられたのを見てきたから、適当にできない（笑）。

さらに、料理だけじゃなくて、寄木細工も伝統工芸として有名なんだけど、それも幾何学模様、シンメトリーなデザインがすごく上手なんだ。今日自分がつけているこのラクダのアクセサリーも、ラクダの内側にリョウへイってアラビア語で彫られているんだよ。こういう細かい部分にまでこだわるところにも、文化や技術の高さを感じるんだよね。

すべては「連れ去ってもらった」ことから始まった

協力隊員としてシリアに2年間暮らしたなかで自分が一番驚いたのは、家族に対する愛情の深さ。これはシリアにかぎらず中東圏全体に共通している気もするけど、家族というものは絶対的な存在なんだよね。自分も別に家族を軽んじてきたつもりはないんだけど、でも、シリアの人たちの、親や兄弟、親戚に対する揺らがない絶対的な繋がりは、日本では感じたことがない。シリアにいたとき、現地の人たちから「家族に毎日電話しなくて、よく平気だね」って言われていたよ（笑）。向こうだと思春期の子でも、外では生意気な態度をとっても、家ではお父さんお母さんにべったりとか、よくある。

さらに、「家族愛が強い」っていうと、家族だけで連帯して、内向きに閉じているような印象を受けるかもしれないけど、まったく逆で、むしろ外にも開いていくのが、シリアのおもしろくて魅力的なところなんだ。

自分が大学時代にバックパッカーでシリアを旅したとき、デリゾールって町に「沈没」していたのね。「沈没」っていうのはバックパッカー用語なんだけど、心地良すぎて、つい予定外に長く居てしまうようなこと。デリゾールは自分が旅した中東のなかで一番強いエネルギーを感じた場所かもしれない。熱々しい……っていう日本語はないと思うけど、とにかく一日中熱気に溢れてた。ベドウィン血を継ぐ人たちが多い地域だからかもしれないね。そのデリゾールには、協力隊でシリアに赴任してからも、ときどき遊びに行っていたんだ。

2007年の夏、日本から遊びにきてくれた友人を連れてデリゾールを旅していたら、アジア系の自分たちは珍しいから声をかけられて、「お前たちは日本人か？　じゃあ車に乗れ。家に来い」って（笑）。普通海外でそんなふうに誘われたら、絶対乗っていったらだめだけど、会話のやりとりやその時の目の奥とか空気感から、これは大丈夫かなと思って乗ってみたの。そこから車で走ること20～30分。到着したのはシュマイティーエ村っていう、外国人が来ることなんてないようなユーフラテス川沿いの小さな村。

そうして誘ってくれたおじちゃん、バラカートさんの家で大歓待を受けたよ。中東でよくある、砂糖が溶けきらないぐらいたっぷりはいった紅茶と甘～いお菓子を、わんこそばみたいにどんどん、食べろ食べろって勧められてね（笑）。夕方になって「そろそろホテルに帰るね。ありがとう」って言ったら、「明日、羊とオクラの煮込みのご馳走を作るから、また食べに来い」って（笑）。翌日もホテルまで迎えにきてくれて、大家族用の巨大なお皿に盛り付けられた美味しい料理をお腹いっぱいご馳走になった。また帰る時間になったら、今度は「うちに泊まって行きなさい」って（笑）。友人の飛行機の日程もあって、泊まるのはお断りしたんだけど。そのバラカートさんの家には、その後も、協力隊の仲間や日本から来たお客さんを連れて行ったり、本当によく遊びに行かせてもらったよ。

こういうことが、バラカートさんにかぎらず、シリアでは「あるある」なんだよね。「お茶を飲んで行きなさい」「ご飯を食べていきなさい」。ここまでは他の国でもあるかもしれない。そこにさらに、「泊まっていきなさい」「寝る時のジャージはうちにあるから」。この3〜5セットを、当たり前のことのようにさらりと言ってくる人たちが一定数いるんだよね。日本だと人を家に招くって言ったら、片付けなくちゃいけないとか面倒くさいから、そんなに頻繁には招かないと思うんだけど、明日また来い、来週また来いって、何度でも呼んでくれちゃうんだよね。そうして通っていくと、だんだん家族の一員のように迎えてくれるようになる。バラカートさんからは「お前、将来ここに家を建てろ。土地はあげるから」って言われたぐらいだよ（笑）。

シュマイティーエ村も、残念ながらイスラム過激派組織「イスラム国（IS）」に襲撃されて、殺されてしまった人も少なくないし、今では多くの人が村を出たと聞いている。バラカートさんとも、電話番号しか連絡手段がなかったから、連絡が取れない日々が続いた。国際電話で何度かけても繋がらなくてね。ニュースでこの地域の名前を聞くたびに心臓の音が全身に響き渡る感覚だったよ。でも2018年に、偶然、彼の親戚と連絡がついて、SNSで連絡がとれてね。無事にドイツに逃れていたと知ったときには、本当にほっとした。

想像だにしなかった情勢の変化と葛藤の日々

シリアでの2年間の隊員生活を終えて、２００９年1月に日本に帰ることになったとき、もちろん寂しさはあったけど、「いつでも帰れる」っていう感覚があったんだよね。その頃のシリアは、平和そのものだったし、あの人、あの人、あの人は、会いに行ったらいつでも迎え入れてくれるだろうって、勝手に思ってた。それに、隊員として音楽を教えていたパレスチナ難民の子たちが、２ヶ月後の3月に全国音楽会に出るって知っていたから、3月にはもうシリアに行くことに決めていたんだよね（笑）。それ以降も、２〜３回遊びに行ったかな。特に目的はないの。ただ人に会いに行く。顔を見せに行くっていう感じ。里帰りみたいな気分かな。飛行機に乗っていれば着くからね、別に遠くはないんだよ。

最後に訪れたのは２０１１年1月。その年の3月下旬あたりからデモが始まって異変が起き始めたから、ぎりぎりのタイミングだったけど、1月の時点では本当に普段どおりだった。シリアの内戦も、元はと言えば、チュニジアから始まった中東エリアでの民主化運動の波「アラブの春」に影響されて始まっているから、おそらくすぐに沈静化するだろうって、協力隊の同期とかシリア仲間とかとは話していた。でも、あれよあれよという間に悪化してしまったんだよね。

シリアから戻ってきた後、1年ぐらいブータンの音楽学校に赴任して、そのあと2010年の冬頃、音楽系の出版社に入社して、いわゆる会社員として働くようになった。翌年2011年の3月に、日本では東日本大震災が起きて、シリアでは紛争が始まったんだけど、その2ヶ月後の5月に自分は山口県下関市に赴任になった。仲がいい友達にもなかなか会えなくなって、ちょっと心細くなるなか、人と人との繋がりが強かった協力隊時代のことがよく思い出されてね。あの人は大丈夫かな、この人はどうしているだろうって、シリアへの想いも募っていった。その後もシリアの状況が悪化の一途をたどるなか、日本でもシリアに関連したアクションを起こし始める人たちも出てきて、そういうのを目にしていると、「自分は出版社の仕事をしながら何ができるだろう?」って悶々とするようになった。あの頃は何もできていない自分に対する、焦りのような葛藤がつらかったな。

そんななか、2013年のゴールデンウィークの頃に、協力隊のOBからメールが来て、「シリア難民が集まるヨルダンのザアタリ難民キャンプで、隊員の枠があるから応募しませんか?」って。直感で動く人間だから、すぐに応募することに決めたよね(笑)。誰にも相談せずに、勤めていた出版社に辞めますって退職届出してね。無事に採用されて、2013年から約1年間、今度はヨルダンのシリア国境に近いところにあるザアタリ難民キャンプで活動するようになった。

ザアタリ難民キャンプは、当時約10万人の避難してきたシリア人が住んでいて、白いテントとプレハブがずらーっと立ち並ぶ難民キャンプなんだけど、キャンプの中には「街」ができていたんだよ。そこに暮らすシリアの人たちは、キャンプの外に出ることが難しいから、基本的にキャンプ内で生活用品や食料の調達をするんだ。シリアを含むメソポタミア地域はもともと灌漑農業の発祥の地だし、ザアタリ難民キャンプへは、ダラアというシリアで農業が盛んな地域から逃れてきている人が多かったから、農業が生活に根付いていたんだろうね。どこかから安く買ってきた野菜の苗を植えて育てている人がたくさんいたよ。他にもお金を貯めてパンを焼く機械を取り寄せて、パン屋をやっている人もいた。本当にたくましいなって思う。いかなる困難な状況でも、よりよく生きようとする力が伝わってきて、ほっとするって言ったら語弊があるけど、彼らを見ていると、自分も何かできることをがんばろうって、逆に励まされるんだよね。

あとね、こんな大変な状況でもシリア人のホスピタリティは変わらないんだよ。お茶を飲んで行け、ご飯を食べて行けって、自分のテントにウェルカムしてくれる。食材とかそんなにないはずなのに、お客さんが来たらおもてなししたいっていう精神がぶれないんだ。冬には「お前の家も寒いだろうから、この毛布持っていけ」って、配給された毛布をくれようとしたシリア人の同僚もいたよ（笑）。

でもね、そういう強さや優しさの裏で、キャンプにいる人たちの多くは、心に傷を抱えていたんだよね。こちらから敢えて聞き出すようなことは基本的にしてはいけないんだけど、親や兄弟が目の前で亡くなったとか、死体をかきわけてシリアから逃れてきたとか、向こうから話してくれる人も少なくなかったから、毎日のように衝撃的なことをいっぱい聞いたよ。そもそもシリア人で、知り合いが誰も亡くなっていない人は一人もいないはずで、誰もが多くの人を亡くした喪失感を抱えていると思う。

なかでもよく覚えていることがあって……。自分は学校の補習をやったり、アートやスポーツで小・中学生くらいの子どもたちをケアする施設で活動していたんだけど、時々、年齢が上の子たちも来るんだよね。ある日20歳前くらいの子が、すごく疲れ切った顔でふらっと入ってきた。「施設に登録をしにきたの？」って聞いたら、「いや、ちょっと立ち寄っただけだ」って。あまり聞いちゃいけなかったんだけど「大丈夫？」って聞いたら、「もう銃を持つのに疲れた。人を殺したくない。殺すことに疲れてしまった」って言うんだ。シリア国内で戦闘に参加している子だったんだよね。親はザアタリ難民キャンプにいるから、一昨日ここに来たんだって。だから、本当はこういうのも言っちゃいけないんだけど、「じゃあしばらくここにいて、ちょっとゆっくりして今後のことを考えられるといいね」って言ったら、真顔で「いや、すぐに戻る。だって、国際機関とか大きな国とか何もしてくれないじゃないか。君は僕の大事な国を守ってくれるのか？　僕が行かなかったら誰が助けてくれる？　僕にとって大事なところだから僕は守りたい」って。日本でいえば大学一年生ぐらいの青年がそう言うんだよ。あのとき「戦争」というものをぐっと近いところに感じた。

戦争というと、どちら側が正しいか悪いか、って話になってしまいやすいけど、そういうんじゃないだよね。自分にとって大事な場所が壊れていく悲しみとか、自分にとって大事なものとどう向き合うかってことを、すごく突きつけられた気がしたよ。

あと、戦争で一番怖いのは人と人の「分断」だと思ってる。シリア人の中でも、当時政権側・反政権側に分かれて、お互いに武器を向け合うようなことも起きていたね。友人や家族でも分断は起きていたと聞いたよ。そういう分断は、他国が介入して解決できるものではないんじゃないかな。建物とか目に見えるものの復興は、お金と時間がかかりはするけど進むはず。けど、人間と人間の繋がりは、元に戻すのはかなり大変なんじゃないかと思ってる。

周囲に翻弄された「危機」と届かない声

シリアの一番の悲劇は、シリア以外の人たちの思惑によって、崩壊と分断が加速してしまったところかもしれないよね。勿論それだけではないけれど。実際、シリアに住む友人から「シリア人じゃない人たちが戦っているのを見た」っていう話も聞いたよ。ロシアやトルコ、アメリカ、クルド人勢力や「イスラム国」といった国や勢力が関与して、火に油を注ぎ続けていたし、今も緊張状態が続いている地域もある。「もう以前のようなシリアには戻らないだろうね」とシリア人と話したりするよ。「自由は欲しかったけど、こんな結果になるのだったら、あんな革命はいらなかった」ってある時シリア人が言ってた。多くのものを失った悲しみの重さを感じる言葉だったな。

そんなふうに、シリアという国がシリア人以外の手によって翻弄されて、危機が長引くなかで、ある種の諦めのような感情を抱くシリアの人たちも増えてきているんだよね。

今、同僚の一人にシリア人のスタッフがいるんだけど、シリアの状況について家族や友達と話すことがだんだん減ってきているって聞くよ。みんな先が見えない不安や暗いニュースについて話すのに辟易しているし、目の前の明日の生活や子どもの未来のことを考えるのでいっぱいいっぱいだからって。

その同僚は混乱が始まった当時、看護師を目指してシリアで勉強をしていたんだ。情勢が悪化してイラク北部のクルド自治区に難民として逃れ、難民キャンプで暮らしていた。いまは難民キャンプで出会った同じシリア人と結婚して、子どももいる。彼女は、子どもの教育や将来、自分の仕事のことを考えたら、この先もイラクで生き続けることを選択するだろうって言ってたな。でも、そうやって現実を見つめている一方で、「私とシリアは、赤ちゃんとお母さんみたいな関係なんだ」とも言っていたんだよね。「赤ん坊はお母さんのことが大好きで、お母さんから離れたがらないでしょ。私にとってシリアは大事なお母さんだから、どんな状況であれ、離れたくないっていう想いは残ってる。シリアは、私のことを抱きしめてくれる母なる土地なの」って。自分自身は、日本という国に抱きしめてもらえるなんて感覚を抱いたことがないから、すごく印象に残ったし、こういう声がもっと世界に届いてほしいなって思ったよね。砲撃があって何人亡くなったとか、センセーショナルなことや話題性があることだけじゃなくて、普通に暮らしたいと願う人たちの声が、もっと届いてほしい、大切にされてほしいと思う。

「違う」を伝える前に「似ている」を伝える

2014年にザアタリ難民キャンプから帰国して以降、自分もシリアに関して学校での講演やイベントでのトークに出させてもらうこととか、写真展をやらせてもらう機会が結構あって、そういうときには今の状況のことと合わせて、「普通に暮らしていた人たちの姿」であったり、危機状態になる前の美しくて平和だったシリアのことも伝えるようにしてる。

人って、「こんなに違いがあるんだよ」っていうことよりも、「こんなところが同じなんだよ」っていうことのほうが「へぇー!」ってなりやすいと思うんだよね。たとえば好きな人とデートする前日の夜は緊張して眠れないとか、夫が妻の尻に敷かれているとかね。喜怒哀楽の示し方とか、生活に密着したところって、どんな国でも文化圏でも、似てたりするのかもしれないね。そういうところを知ると距離感がぐっと近くなるし、そういう近い部分を共有したうえで、今の状況を伝えたら、もっと自分のことに置き換えて想像してもらいやすいんじゃないかなって。

あと、自分は料理と音楽が好きだから、シリアの曲を演奏したり、シリア料理を作って振る舞ったり、中東の料理教室なんかもやってる。エンターテイメントは五感が刺激されるから、知ってもらう入り口の一つになると思ってる。

今も音楽は、仕事と直結するわけではないけど、やり続けていて、そのおかげで生まれたものもあるんだ。2016年、ヨルダンに行く機会があったんだけど、そのときに、ミュージシャンのＳＵＧＩＺＯさんと、フォトジャーナリストの佐藤慧さんとザアタリ難民キャンプへの訪問をご一緒することになったんだよね。そうしたら、ＳＵＧＩＺＯさんがヴァイオリン、慧さんがギター、自分はピアノができるから、せっかくなら現地で演奏しようってことになって、そこから難民キャンプ限定バンド「ババガヌージュ」が結成されたの。以来、パレスチナ、イラク、ヨルダンの難民キャンプで演奏してきた。

特に印象的だったのは、ザアタリ難民キャンプで演奏したときのこと。前方にスカーフで顔を覆って、目だけ出している女性たちが座っていたのね。最初は大人しく聞いていたんだけど、アラブの有名な曲を演奏し始めたら、その女性たちが体を揺らして、立ち上がって一緒に歌ったり手拍子を打ったりしはじめたんだよ。全身で感情表現しているその様子に正直驚いたね。家族以外の男性の前で、あそこまで女性が歌ったり踊ったりすることは稀だなと。衣食住があれば人は幸せかといったらそうではなくて、やっぱり心の潤いとか、自分を開放する時間っていうのも、すごく必要なんだなって体の底から実感したよ。会場中のエネルギーが地響きのように足元から伝わってきた感覚が今でも残ってる。

恩返しできる日を目指して　全速力でなくとも長く関わり続ける

多くのシリア人がシリアから物理的にも精神的にも離れている現状を見聞きしていると、

自分も口が重くなってしまう傾向があるのも事実なんだ。危険を冒してでもヨーロッパに逃れる人もいるし、ヨルダンやトルコといった隣国に何とか留まる人もいる。そしてシリア国内で生活を送り続ける人もいる。皆それぞれ、見ている景色も未来も異なってるよね。散らばってしまったシリア人のことを考えると、今伝えるべきことって何だろうか？ と漠然と思うこともあって。自分が見て来た平和だったころのシリアでの出来事を伝えることに意味があるのだろうか？ と自問自答したりする。それでもシリアという国からたくさんの恩恵を受けたから、そんな彼らの何かの役に立てればいいなという想いは変わらない。やり方とか力のかけ具合は変わっていくけれど、いつか恩返しができるように、長く関わり続けられればいいかなと思ってる。「シリアファンの一人」としてね。さっきも話したように、難民キャンプでも毛布を持っていけと差し出すほどのホスピタリティの高い人たちだから、なかなか恩返しなんてできないんだけど（笑）。

今ってどこか出かける前でも、出かけている途中でも行先の情報がすぐにスマホで調べられて、本当に便利だよね。旅行のプランだって作りやすいし、その情報の通りに動けば、ある程度満足度の高い時間になるし、何より無駄なく時間が使える。でも、時にはその場で、その地に住む人からの一次情報に身を任せるのも面白いんじゃないかな。一見、無駄に感じられる時間も、それがきっかけで思いがけないものに出会うことはよくあると思うんだ。僕もシリアの「優しき人さらい」のおかげで、それまで知り得なかったシリアやシリア人の一端を垣間見ることができたからね。散々食べたシリアの料理でも一番美味しかったと思える味や、人々の面白可笑しい部分、家族や一族の結びつきの強さをより知ることができたのは、全部、そういう思いがけない時間のなかだった。もちろん、その地域における最低限のマナーや習慣を知ったうえで動くことは前提になるけれど、文字化された情報を一度置いて、その地の人とコミュニケーションを取りながら行動するっていう選択肢も面白いよ、って言いたいね。これは別に海外に限った話ではなくて、日本国内でも同じことなんじゃないかな。日本にも海外にも世話焼きの人って実は多くて、そんな人たちのお陰で、世界が広がるのが心地いいんだ。その地が好きになるし、また来たいって思う。心をさらわれるよね。シリアでは身体もさらわれたけどね(笑)。自分もいつか、誰かの「優しき人さらい」になれるようになりたいな、と思ってるよ。

斉藤亮平(さいとう・りょうへい)
1983年東京都生まれ。国立音楽大学卒業後、青年海外協力隊でシリアへ派遣。シリア・ハマ県パレスチナ難民地区の小、中学校で音楽教師として2年間を過ごす。その後、ブータン王国の音楽学校にてピアノ教師、日本の音楽出版社勤務の後、シリア難民支援活動に従事。2017年にJIM-NET(日本イラク医療支援ネットワーク)に入職。趣味の料理が高じて中東各地でレシピを収集、定期的に料理教室を主催。また、難民キャンプ専用バンド「ババガヌージュ」を結成し、中東各地の難民キャンプで音楽ライブを行なっている。

関連映画紹介

『それでも僕は帰る～シリア 若者たちが求め続けたふるさと～』

89分／2013年／シリア、ドイツ

「シリアのために何かしたい」という私の想いが仕事として初めて形になったのが、2015年、映画『それでも僕は帰る』（Amazon Primeでは『ホムスへの帰還』）の配給宣伝だった。当時勤めていたユナイテッドピープル株式会社の代表が見つけてきた作品だが、シリアへの想いがあるからと、入社1年にも満たないペーペーの私にほぼすべてを任せてくれた。

この作品は、19歳のシリア人青年バセットを追い続けたドキュメンタリーだ。バセットはシリアのサッカーユース代表チームのゴールキーパーとして活躍していたが、そのカリスマ性から民主化運動のリーダーとなっていった。当初は歌を歌いながらみんなを束ねる非暴力の平和的なデモを行っていたが、政府軍によって170人もの市民が殺害されたのを機に、バセットも武器を手にしはじめる。

サッカーをしていた頃のバセットは、キラキラした瞳であどけない10代の若者の顔をしていたのに、戦闘が続くうちに目の輝きは消え、仲間の命が失われるほどに、怒りと復讐の念で暗く険しい顔つきになっていく。「ふるさとを取り戻すため」という大義を何度も口にはするが、果たして、目の前の戦闘を続けた先に、その未来は待っているのか……。

　バセットに密着し、撮影者も命懸けなのが伝わってくる本作を初めて観たとき、「売れるかどうかとかではなく、人間として伝えなければいけない映像だ」と感じたが、その時にはまだ日本で劇場公開されたシリア内戦に関する映画はゼロだったかと思う。日本の人にシリアの映画が果たして必要とされるのか、公開まで不安でたまらなかった。だが蓋を開けてみると、口コミが広がり、シリアと縁もゆかりもない人も大勢観にきてくれ、想像をはるかに超えたロングランとなった。

　それだけ多くの人に観られる作品となったのは、平和な日常がいかに簡単に崩れ去ってしまうかや、武器を手にするということがいかに果てしない復讐の悪循環を生み出してしまうかという普遍的なことを全身で感じられる作品だからではないかと思う。残念ながら、シリア以外の国でも同じように命を奪い合うような事態は続いている。なぜ平和な世界は実現しないのか。そんな問いを心に抱いたことがある人には、ぜひ一度観てみてほしい。

「映画配給と私」

人生に関わる映画

「好きな映画」や「おすすめの映画」を聞かれても、一番を決めたり一本に絞り込んだりするのは難しい。でも、「人生を変えた映画」であれば、はっきりと答えられる。ドキュメンタリー映画『ザ・デイ・アフター・ピース』だ。この映画と出会ったことで、私は映画の仕事に携わることになった。

同作はイギリス人俳優のジェレミー・ギリが、1年の中の1日でいいから、世界中であらゆる戦争や紛争、暴力がない日を作ろうと、国連や世界中の著名人などに働きかけ、「国際平和の日（ピースデー）」を作りあげていく奮闘を追っている。

大学時代、私はアラビア語の研修で1ヶ月シリアに滞在したが、帰国直後に内戦状態になってしまったことから、「シリアのために何かしたい。でも何ができるだろう？」とずっと考え続けていた。その想いは社会人になってシリアのことを話題に挙げることすらなくなっても、心の隅に残り続けていた。

そんな中でこの作品に出会い、「もっと世界中でピースデーの認知度が高まったら、紛争が続いているシリアに世界が関心を向けてくれるんじゃないか」と思ったのだ。じゃあまずは日本でもっとピースデーを広めよう！　と同作の上映会を自分で開催したり、大学生に向けて上映会の開催を呼びかけたりする活動を始めた。

当時私はインターネットの接続を法人に向けて販売する営業の仕事をしていたが、自分の知識不足もあって、自社のサービスがいいものなのか自信がなかった。それでも「当社の方が安いですよ、乗り換えませんか？」などと売り込まなければいけないことにモヤモヤしていた。

しかし上映会の場をはじめ、誰かに『ザ・デイ・アフター・ピース』のメッセージについて伝える時には、自分が心から思っている本音、嘘のない言葉を話すことができた。そして、それに共感してくれる仲間と出会い繋がっていくこともできた。

その喜びや心地よさを感じるようになった矢先、同作の配給元であるユナイテッドピープルが社員を募集していると知り、すぐに応募した。ユナイテッドピープルは社名の通り「人と人を繋いで世界の問題を解決する」ことが社是で、もともとは募金のサイトの運営から始まった会社だ。そこでご縁ができたNGOからの相談をきっかけに、映画配給の事業も手がけるようになった。私はユナイテッドピープルで3年間、自然エネルギーや難民問題、フードロスや多文化共生など、多様なテーマの映画の配給に携わった。

仕事をしながら私自身、映画から学ぶことだらけの日々で、思い出深い作品も多々ある。とりわけ自分の「新しい原点」になったと言えるのが『ジェンダー・マリアージュ～全米を揺

るがした同性婚裁判～』だ。

実はシリアと同じぐらい「いつか配給したい」と思っていたのがLGBTQに関する映画だった。大学時代、トランスジェンダーの先輩との出会いをきっかけに、LGBTQ関連のイベント等に参加するようになったのだが、多様なセクシュアリティやパートナーシップのあり方、家族の形について知るほどに、自分自身の無意識の枠が解きほぐされて生きやすさを感じるようになったのだ。また私の中では、シリアの人たちもLGBTQの人たちも、当事者ではない人から「自分とは関係ないこと」として関心を持たれないことで苦しさが生じている点が、共通して感じられた。そうした背景からLGBTQに関わる映画を届けたいと作品を探していたところ、東京国際レズビアン&ゲイ映画祭（現レインボー・リール東京）で出会ったのが『ジェンダー・マリアージュ』だった。一度は同性婚が合法になっていたアメリカ・カリフォルニア州で、結婚を再度男女間のみに限定する州憲法修正案「提案8号」が通過してしまい、同性婚が再び禁止されてしまった。それに対して人権侵害であるとして州を提訴した二組の同性カップルと弁護士たちを、5年間にわたって追い続けたドキュメンタリー映画だ。

裁判にまつわるやりとりは少し難しい部分もあるものの、同性カップルの原告たちが受けてきた差別を振り返り、違う未来を次の世代に創りたいと真っ直ぐに語る姿や、パートナーに対する深い愛情が詰まった言動の数々に、love is love、性別に関係なく愛は同じであることを強く感じる。

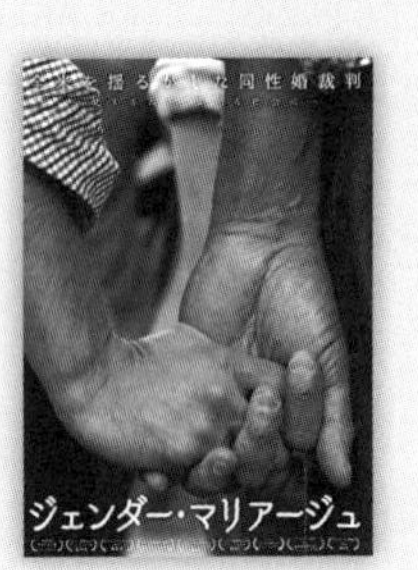

映画祭の単発上映だけでなく、劇場でより長く広く届けたいと思い、ユナイテッドピープルに入って初めて、代表を説得して買い付けさせてもらった。公開したのは２０１６年1月30日。3ヶ月弱前に渋谷区と世田谷区で同性パートナーシップ制度がスタートしたばかりで、当時の日本ではまだＬＧＢＴの言葉さえも今のようには浸透していなかった。そんな時代背景もあって劇場公開時の興行収入は良かったとは言い難い。でも、ＳＮＳ上の感想等から、特に当事者の人に、大切な人と一緒に生きていく未来への希望を感じてもらえたことや、人生の糧になるような作品を届けられていることを深く感じた。そうした声に触れる時、私も「生きててよかった」と大袈裟でなく感じた。日本でも２０１９年から同性婚を求める全国的な裁判が起き始めたこともあり、公開から歳月が経った今も上映会が各地で広がっている。

ユナイテッドピープル卒業後もご縁が巡って、社会問題に関わる映画の仕事に携わり続けているが、この『ジェンダー・マリアージュ』を公開した時のことを時折思い返しては、「大作のように多くの人には観てもらえないとしても、誰かの人生にパワーを届けるような、あるいはその人の記憶に残り続けるような作品を届けよう」と原点に立ち返る。

とはいえここに挙げた2作品が、誰にとっても大事な作品になるわけではないだろう。私も出会うタイミングが違えば、こんなに自分の人生に関わる映画になっていたかは分からない。

映画もランキングや採点といった数値とともに語られやすいが、そうした誰かの評価に頼りすぎると「自分にとって特別な作品」に出会う機会を逸してしまうかもしれない。あなたに必要な作品は、あなたにしか決められないのだから。

〈憶えている〉
環礁、マーシャル

大川史織
Shiori Okawa

インタビュー日：2020.11.21

ミクロネシア地域の東側に位置する、29の環礁と5つの島、さらに1200以上の小さな島々から成るマーシャル諸島共和国。現在の日本では、この国に馴染みがある人は少ないと思うが、第一次世界大戦後から約30年にわたって日本が委任統治していた。かくいう私も、マーシャルを舞台にしたドキュメンタリー映画『タリナイ』の配給宣伝を手伝うまで、この国のことを何も知らなかった。

音楽家の友人のイベントで知り合った監督の大川史織さん（以下、史織さん）に、仮編集段階だった『タリナイ』の試写会に呼んでもらい、初めてこの映画を観た時、不思議な感覚になった。映っているのはまったく知らない土地なのに、そこにはたくさんの「日本のカケラ」が存在していた。日本人の祖先の話をする日本名のマーシャル人。日本語の響きと似た言葉たち。日本軍が残していった戦跡の数々……。第二次世界大戦中に出征先のマーシャルで餓死した佐藤冨五郎さんの日記を軸に、戦争の記憶も紐解かれていくが、その傍らには、エメラルドグリーンの透き通った海が輝き、ヤシの木が悠然と揺れ、軽やかで陽気な音色のウクレレと歌が流れていた。戦争に関する映画といえば、ひたすら暗い、重いという印象をもっていたが、『タリナイ』のある種の明るさが何とも言えず心に残った。

それから1年半近く経った初夏、完成した『タリナイ』の配給宣伝を私がやらせてもらうことになった。ただ、その時の私はユナイテッドピープルを辞め、映画とはまったく関係ない会社に勤めたのち、なんとなく流れでフリーランスになったばかり。もう一度自分が映画の仕事に携わるとは思っておらず、何の基盤もなかった。また、個人で映画を配給するとなった場合、どれだけ成果を出せるかも未知数だった。そうした不安を伝えてもなお、史織さんは一緒にやりたいと大事な作品を託してくれた。

ユナイテッドピープルの頃にお世話になっていた映画館で、2週間上映してもらえることが決まってからは、史織さんと、史織さんの高校の同級生で『タリナイ』のプロデューサーである藤岡みなみさんと、準備に奔走した。通常、映画の公開には短くても半年以上の準備期間をとるが、日本で第二次世界大戦について取り上げられることの多い夏の時期から外れないように……という映画館の意図のもと、その時の準備期間は3ヶ月弱しかなかった。焦る私とは裏腹に、史織さんとみなみさんはとても慎重だった。予告編に入れるシーン選びも、チラシの文言ひとつにしても、この言葉は強すぎないか、こういう表現では誤解を生まないか、そして何より、マーシャルの人たちが観た時にどう思うかをとても大切に考えていた。そんな二人とのやりとりから、戦争の歴史を紡ぐことの重みや、実在の人物を描くドキュメンタリーの責任と覚悟、そして自分とは異なる他者の視点を想像することの果てしなさを、とても考えさせられた。

数えきれないほどのメールやLINEのやりとりを重ね、3人の力を総結集した結果、2週間の上映はほぼ連日満席。好評により上映期間は延期となり、最終的に2ヶ月ほど上映してもらえた。熱い思いと仲間がいれば、個人でもできることがあるということ、そして、映画を通じて、大事な記憶をつなぐことの意味を感じられたからこそ、私はその後も映画の仕事に携わる勇気が湧いた。私自身の転機となった作品でもある。

もう一つ、一生忘れられないのが、映画公開から1年後に、史織さん、みなみさん、出演者の佐藤勉さん（佐藤冨五郎さんの長男）と末松洋介さん、そして勉さんの甥っ子さんとその娘さんのみんなでマーシャルを旅した時間だ。特に日本軍が拠点を置いていたウォッチェ島は、五感を通じて全身をゆさぶられるような場所だった。「このまま溶けてしまいたい」と思うほど美しくきらめく海岸沿いを歩いていると、錆びた弾薬のようなものが大量に落ちているのを見つけたり、温暖な気候でのびのび育ったジャングルを散策していると、銃弾の跡と思われる穴がボコボコ開いたコンクリートの大きな塊がぬっと現れたりする。鮮やかな色の服を着た島民の人たちが穏やかに日常を送っている集落の脇には、タイムトラベルしたような古い大砲がどんと鎮座していた。それまでも他の国々で戦争の歴史を伝える博物館などを訪れたことは何度かあった。だがマーシャルでは、現在の暮らしのなかにそのまま一緒に戦争の記憶が存在していることに、強い違和感を覚えた。

一方で、ウォッチェ島での滞在時間はとても心地よいものでもあった。週に一回程度、飛行機と船で物資が運ばれては来るものの、小さな売店が一つある以外、物が売られている場所も飲食店もない。事前に買い込んで持って行った缶詰や、マーシャルで主食にまでなっているサッポロイチバンラーメンなどで食事を作っていた私たちにご近所のアボさん（日本人の祖父を持つ）は、獲りたての魚の刺身（マーシャル語でチャチミという）や島でとれたフルーツなどをよく差し入れしてくれた。暑い日中にジャングルを散策していたときには、道すがら遭遇した子どもたちが、何メートルもの高さがあるヤシの木からココナッツの実をとって、果汁を飲ませてくれたこともあった。観光客が訪れることがほとんどない島のなかで、珍しい日本人の私たちに対しても、島の人たちは怪しむような目線を送ることもなく、「おはよう！」「こんにちは！」と明るく声をかけてくれた。そんなふうに有形無形のものをたくさんもらったからこそ、ウォッチェ島を小さなジェット機で旅立つ時、窓から見える青々とした海と穏やかに揺れるヤシの木を眺めながら、「奪うことや、傷つけること、戦争が本当に似合わない場所だなぁ」としみじみ思った。

日本からマーシャルまでは飛行機を乗り継いで、1日半~2日ほどかかる。ものすごく遠い場所だ。それでも、あの島のことを忘れたくない。そして日本の人たちにもっと知ってほしい……。高校生の時に初めてマーシャルを訪れて以来、マーシャルのことを胸に抱き続けてきた史織さんの気持ちが、私も少し分かるようになった気がする。それでも史織さんが10年以上、マーシャルのことを思い、伝えるための道を模索してきた、その「続ける力」には驚く。そこまでマーシャルが史織さんの心を掴むのはなぜなのか。そして、戦争を体験していない私たちの世代が、未来へ繋いでいける記憶はあるのか。これまでも数えきれないほどの時間と対話を重ねてきた史織さんに、今回あらためて「スタート地点」から話を聞いた。

マーシャルへ旅立つ前に

○マーシャルは1526年にスペインの探検家によって「発見」され、その後1788年にイギリスの囚人護送船の船長ジョン・マーシャルが訪れたことが国名の由来となった。

○1885年にドイツが保護領としたが、1914年に第一次世界大戦が始まると、ドイツに宣戦布告した日本がマーシャルを含むミクロネシア（当時の日本は「南洋群島」と呼んだ）を占領し、統治下に置いた。

○約30年に及ぶ統治下で、日本は皇民化教育を進め、現地児童に対する教育は日本語で行われた。カネコ、ミズタニ、ウエノなど、日本にルーツがあるとわかる姓の人も多い。

○1945年、日本が敗戦したのちにマーシャルはアメリカの信託統治領となる。

○アメリカは1946〜58年にかけてビキニ環礁とエニウェトク環礁で67回核実験を実施。その放射性降下物によって、実験場となった島の島民は強制的に移住させられたうえ、世代を超えて続く被ばくの影響に苦しめられている。

○平均海抜が2メートルの国土は、温暖化の影響で地球の気温があと2度上昇すれば、水没の危機にあると言われている。

永遠の帰宅部の始まり

マーシャル諸島のことを知ったのは高校2年生のとき。国際色豊かな高校に通っていたことが大きかった。世界のニュースや社会の問題を自分の言葉で話せる同級生たちと過ごすなかで、わたしも自分の身体で世界を感じてみたいという思いが日に日に強くなって。でも入学してから吹奏楽部で練習漬けの日々。このまま高校生活が終わるのはもったいないと感じてしまうようになった1年生の冬休み、思い切って休部届を書いて出した。それがマーシャルと今につながる、永遠の帰宅部の始まり。16歳の冬からやりたいことを好き勝手にやっている感じ。

休部中、興味があるイベントや合宿形式のワークショップに参加しているうちに、親しくなった友人から「愛・地球博」（２００５年日本国際博覧会）市民プロジェクトの企画メンバーにならないかと誘われて。日本でもＮＧＯやＮＰＯの活動に注目が集まり始めた頃で、世界中から市民運動家が集う場に立ち会えるなんてワクワクした。父が転勤族で小学5年生の夏まで名古屋に住んでいたから、会場がよく遊んだ公園だったことにも縁を感じたかな。帰宅部になると放課後は当時新宿にあったＪＩＣＡビルの会議室で、広告代理店や国際機関などで働く大人たちとプロジェクトの企画を考える生活が始まった。世界中に一億人はいるといわれているストリートチルドレンの路上での暮らしと人生をすごろくで追体験するワークショップと、広島で被爆したピアノのコンサートを企画提案したら実現できてすごく嬉しかった。マーシャルにつながる出会いもこの愛知万博にあった。長崎で核兵器廃絶を求める署名活動をしている高校生たちをゲストに招いて、トークイベントをする企画もあって、1月の週末、違う学校に通う高校生メンバー4人で長崎へ飛んだ。初めての九州。暖かいというイメージが吹き飛ぶ寒さだったけど、街頭で署名を集める高校生たちに道ゆく人はものすごく温かかった。その後、東京でも仲間を集めて成城学園前駅や三鷹駅前で署名活動をやってみたんだけど、東京では事前に道路使用の許可申請が必要で、管轄の警察署で手数料を支払わないと街頭に立つことはできなかった。「核兵器があるから今の平和があるんだ」と核抑止論を唱える声や「こんなことしてる暇があるなら勉強しろ！」と長崎では耳にしなかった反応も返ってきた。立ち止まって話をする余裕もなく、すれ違いの出会いを重ねていくうちにふと思ったんだよね。異なる意見を持つ人たちとフランクに話ができる場が日常のなかにもっとあるといいなって。そういう場を作っていくことにわたしは関心があるんだと気づくことができたのが東京での街頭署名だった。

そんな頃、もっと俯瞰的に核のことを考えたいと思って「核　環境　開発」と「スタディツアー」でインターネット検索をしてみたら、マーシャル諸島スタディツアーの募集案内を見つけたの。直感的に行ってみたいと思ったけれど、どこにある島かわからなかった。母に聞いても、どこだっけ？　って。祖父に話すと、歌詞の中にマーシャルが出てくる歌謡曲「酋長の娘」を歌いながら日本の統治下で「マーシャル群島」と呼んだ時代があったことを教えてくれた。歴史を知らなかったわたしはポカンとした顔で聞いていて、そんなわたしを祖父が何ともいえない表情で見ていたことを憶えている。知らないからこそ行ってみようとお年玉とアルバイト代でスタディツアーの参加費27万円を工面して、あとは出発のみのはずが……。ツアー3日前に、あれ？　パスポートがない！　という事態に……。失くし物はよくするんだけど、これには自分でも呆れたね（笑）。再発行しようにも出発には間に合わず。ツアー代の半額は返ってきたけれど、落胆は大きかった。マーシャルへ行けなかった代わりに集めた署名をまた長崎へ届けに行ったり、万博で出会った全国各地の友人と青春18きっぷで長崎に集まって署名活動をしたりしていたら、翌年、高校生平和大使になった。

毎夏、全国から選出された高校生平和大使は、スイス・ジュネーブにある国連欧州本部に1年間集めた署名を届け、核兵器廃絶を求めるスピーチをする役割を担う。２００６年は長崎から3人、神奈川から1人、東京からわたしの計5人。今よりも少人数だったから、国連訪問後にポーランドのアウシュヴィッツ博物館とオランダのアンネ・フランクの家を訪ねることができた。しかもアウシュヴィッツ博物館で日本人唯一の公式ガイドとして働く中谷剛さんが書いた本を旅の途上で読んでいたら、中谷さんにアウシュヴィッツでお会いできて。中谷さんとの出会いは、それまで抱いていた「歴史」と呼ぶものの捉え方がわたしのなかでまったく変わってしまう体験だった。

中谷さんはガイドとしてホロコーストの歴史や収容所で起きたことをわかりやすく解説するだけでなく、60年前に起きたホロコーストの種がわたしたちの身のまわりにも潜んではないかという視点でガイドをされることにまず驚いた。この場所で起きたことと日常との連なりに想像を巡らせていくうちに、次第にアウシュヴィッツの歴史を想起させる種が今の日本社会にもさまざまなかたちで潜んでいることに気づいていくガイドだった。歴史は、いまと切り離された過去の出来事ではない。いま日本で起きていることと、かつてアウシュヴィッツで起きたことに類似する点が見えてくると、収容者のパジャマや所持品は、過去を生きた人のものではなく未来の人のものにも見えてくる。過去と現在、欧州と日本。隔たりのある時間と空間に、慎重に、丁寧に一本ずつ補助線を引きながら「歴史」を語る中谷さんのガイドによって、暮らしの変化をつぶさに観察していないと、二度とくり返したくないと願う出来事でさえも、人間はいとも簡単に手繰り寄せてしまう生き物なんだと思った。そのことに無自覚のまま加担してしまうのが多くの市民で、それは未来のわたしでもあるかもしれない。

悶々と、帰りの飛行機のなかでもこれからどうやって生きていこうかと考えた。ぼんやりと夢想したのは、中谷さんのような仕事をライフワークに生きるということ。中谷さんはホロコーストの時代を生きて体験したわけではないけれど、体験者の声を聴いて考えたことを自分の言葉で伝えている。体験者がいない時代に、当時を知らない世代がさらに次の世代にどのように語り継いでいくのか。体験者ではない人が語り継いでいくことにわたしは関心があるし、その可能性と伝え方を考え続けていきたい。中谷さんに出会ってそのことに気づくことができた。

半年後、高校卒業前の春休みに開催されるマーシャル諸島へのスタディツアーにもう一度申し込んだ。日本統治時代を知る人たちから話が聞けるのは今しかないと思ったから。

マーシャルで聴いた歌に導かれて

スタディツアーの旅程は2週間。そのうち前後4日は移動日。夜に日本を発ち、翌朝グアムからミクロネシアの島々をアイランドホッピングで経由して、マーシャルの首都マジュロに到着する頃には日がとっぷりと暮れていた。核被害者追悼記念日（3月1日、通称ビキニ・デー）に被ばく体験を聞かせてもらったり、海面上昇で倒れた椰子の木のそばに流れ着くゴミを拾ったり、ファストフードや缶詰食品が中心となった食生活の変化で糖尿病を患う人たちをケアするNGOの活動を見学したりするなかで、ずっと考えていたのは日本の「戦後」とはなんだろうということだった。戦後って日本では当たり前のように言うけれど、日本の「戦後」は「大日本帝国のマーシャル群島」と呼んでいた「戦前」を忘れることで成り立っているということに、マーシャルに来てみたことで思い知らされた。一度に、多層的に、記憶の忘却と想起がさまざまなかたちで押し寄せてくる場に圧倒されて、自分が何にショックを受けているのかを言葉にするのも難しかった。

マーシャルを30年統治した日本は敗戦により撤退。そのわずか1年後から、戦勝国となったアメリカは67回もの水爆実験をビキニ、エニウェトク環礁でくり返し、今も汚染された島に還ることができないまま被ばくの後遺症に苦しんで亡くなっていく島の人たちがいる。日本とマーシャル、同じ核被害者同士、連帯しましょうという言葉を見聞きするけれど、歴史を知れば同じ核被害と簡単に日本側から連帯を語れないし、日本統治時代を知らずにマーシャルの核被害を考えることはできないと思った。「戦後」世代の多くの日本人が忘れてしまったマーシャルへ行ってきた話を帰国後どのように共有できるのか。アウシュヴィッツで歴史を語り継ぐ方法について考えたように、マーシャルへの補助線の引き方を考えていた。

離島に行くと首都とは異なる時間が流れていた。南洋群島の統治機構、南洋庁ヤルート支庁を置いたジャルート環礁に3日滞在した際には、日本軍の気象観測所や水上飛行機の基地跡が朽ちゆく中、そのまま残されたかたちで人びとの暮らしは営まれていた。60年以上前に終わったと思っていた戦争を肌感覚で近くに感じた経験は初めてだった。そのことを日本の外に出て感じたことをどうやって受け止めたらよいのかもわからなかった。

島を案内してくれた年配の住民は、日本兵が話していたと思われる日本語を交えながらガイドをしてくれた。日本にルーツがあるとわかる名前の人と出会い、日本語由来のマーシャル語で会話をすると心の距離は近くなる。一方で、日本人と出会ったことをよく憶えているマーシャルと、マーシャル人との出会いをすっかり忘れてしまった日本。いびつな関係性のあり方にも複雑な気持ちになった。

最後の晩、港で開かれたお別れ会でマーシャルの人たちが歌を歌ってくれた。そのうちの一曲は、日本語の歌だった。

コイシイワ　アナタハ　イナイト　ワタシ　サビシイワ
ハナレル　トオイトコロ　ワタシノ　オモイ　タタレテ

軽やかなウクレレの伴奏で、恋しいあなたへの切実な想いが感じられる歌を女性たちは明るく楽しそうに歌っていた。どんな人が、どんな想いで作った歌なんだろうといろんな妄想が頭の中を駆け巡った。マーシャルの人たちはシャイな人が多いんだけど、歌っている時はその人本来の姿でいるように見えるんだよね。誰かが歌い出すと、互いの声をよく聴き合ってうまれる絶妙なハーモニーが空気を一変させる。恍惚と聴き入ってしまう歌声をマーシャルに行けばいつでも聴けると思っていたけれど、水爆実験による被ばくの影響で声帯を痛めて歌えなくなってしまった人もいると知った時は言葉を失った。

卒業論文と一冊の本が転機に

ツアー中、旅の記録として手持ちのビデオカメラを回していた。帰国後、友人に撮影した映像を見せながら話をするとみんな面白がって見てくれた。疑問や関心を共有できることが嬉しかったし、誰かと一緒に見ることでひとりでは浮かばない問いが生まれてくる。わからないことをもっと知りたいと思う気持ちが映像を見てもらうたびに膨らんでいった。知るきっかけさえあれば、マーシャルに関心をもつ人は多いんだという手応えも感じられた。視覚と聴覚の両方で伝えることができる映像は、マーシャルの美しい自然に残された戦争の爪痕や人びとの複雑な表情、一度耳にしたら忘れられない歌声を身体的に伝えられるという点でも相性がいいと思った。そんなふうに小さな鑑賞会を重ねていくなかで「いつかマーシャルのドキュメンタリー映画を作りたい」という思いが育まれていったのかな。歌は土地の歴史や記憶と密接につながっているから、コイシイワから始まる歌の作者をさがすことで、マーシャルへの補助線の引き方も見えてくるかもしれないと考えたりもしていた。

でも大学に入ってから、マーシャルとの距離はどんどん遠くなってしまった。マーシャルについて学べる授業はなかったし、メディアでもマーシャルに関連したニュースは水爆実験のことをたまに目にする程度。日本統治下の話は出てこない。そんな戦前と戦後が切り離された報道の仕方にも違和感を抱きつつ、時間だけが過ぎていった。

3年生になって国際社会学のゼミで学ぶうちに、マーシャル諸島をめぐる記憶と忘却について卒業論文を書きたいと思うようになった。その気持ちを後押ししてくれる本にちょうど出逢ったタイミングでもあって。歴史家の保苅実さんが書いた『ラディカル・オーラル・ヒストリー——オーストラリア先住民アボリジニの歴史実践』。この本を読んで、わたしは就職活動ができなくなってしまった。「歴史って、どこからやってくるのでしょうか」って、保苅さんは読者に語りかけるの。「僕たちは、日々のさまざまな場面で『歴史している』でしょう?」と。誰もが普段から行っている営みとしての歴史実践に注目し、それを大事にするということは、誰もが歴史家であることを証明することでもあると私は受け取った。「歴史実践」という言葉に出逢ったことで、「歴史」の捉え方がさらに広がりを持って感じられるようになった。人とのつながりから生まれる何か。「書く」こととは何か。世界を知る技法とは何かを真摯に考える保苅さんが、アボリジニの人びとと「ギャップ越しのコミュニケーション」を試みたように、わたしも映像を介した歴史実践を通してマーシャルと出会い直したいと思った。そのスタートラインに立つための卒業論文と位置付け、南洋群島に関する文献から探し始めたんだけど、想像以上に資料が少なくてびっくり。マーシャルを研究する人が数えるほどしかいないことも、日本からマーシャルを遠く感じる理由の一つかもしれないと思った。かつて訪れた島として懐かしむだけで終わらせたくない。日本から見えなくなってしまったマーシャルを再び見えるようにしたいという気持ちは、卒論を書くという体験を通してより深まったし、『ラディカル・オーラル・ヒストリー』との出逢いによって、マーシャルに向き合う覚悟ができた。

移住を決めた翌日、東日本大震災

再訪したのは、2011年2月末からの3週間。今回はひとり旅。滞在中、日本からいろんな職種で派遣されていた青年海外協力隊員の人たちから話を聞くうちに、大学院へ進学しようとしていた気持ちが変わり始めた。院生としてマーシャルに通いながら映像を用いたフィールドワークをしようと考えていたんだけれど、撮影させてもらう相手と信頼関係を築くには時間がどうしてもかかる。言語の壁もできるだけ小さくする必要がある。日本とマーシャルを往復する旅費もかかる……。となれば、マーシャルで働きながら暮らすことができたら一番いいと思ったの。

マーシャルで働くことを視野に入れ始めたら、半年後の9月から働ける後任を探している日系企業があるという情報が耳に入った。職種は経理職。9月採用と聞いて、わたしのためにあるポストだと思った。というのも、大学の卒業に必要な科目の単位を落として、半期留年の9月卒業が決まっていたの（笑）。ミクロ経済学の単位を落とし続けたわたしが経理に向いているわけはないんだけど、マーシャルで働けるならどんな仕事でもよかった。採用条件は、3ヶ月後の6月の簿記試験に合格すること。それさえ突破できれば9月から働ける。「お願いします！」って即決しちゃった。

それが3月10日のこと。翌日、東日本大震災が起きた。

日本が大変な時に、マーシャルへひとり移住して働くなんてことを決めてしまっていいのだろうかというためらいはあった。でも震災直後の国内と海外の報道をめぐるタイムラグに接して、外から日本を見つめる機会を作るなら今なんだろうとも思った。海外のメディアは福島第一原子力発電所の様子をすぐに報じたけれど、日本のメディアは津波の大きさを伝えることが中心で、原発の動きを伝えるのは遅かった。少し経って事態を知った母から「東京はもう住めなくなるかもしれない。あなただけでも生き延びて」と返事が来て、マーシャルへの移住話は想像もしなかった形で家族にもすんなりと受け入れてもらえた。「自分で決めたら何言っても聞かないから」って、諦められていたところが大きかったようだけど（笑）。

もともと映像に関心はあったけれど、撮るということに関心をもつようになったのも高校生の頃かな。街頭署名の経験が映画制作に向かう原点になったといえるかもしれない。選挙権を持たない高校生でも社会の一員として声を上げることができて、国際社会ともつながりを感じられることに初めの頃は意識が向きがちだったけど、だんだん署名をしない立場の人と話す機会を街頭で持てることが醍醐味と感じるようになっていったんだよね。とくに政治の話はタブーとされがちな日本で、さまざまな意見を持つ人同士で対話を重ねられる場は希少。そんな中、ドキュメンタリー映画の上映会や映画祭で、上映後に監督や製作者に問いを投げかけて、鑑賞者と対話がうまれる空間に立ち会えると、こういう場がハードル低く、誰もが参加できる日常の風景としてあるといいなと思うようになっていった。映画を通して知らない世界を知ることに関心があったし、映画が人と人をつなぐ場も同じくらい好きだったんだね。

2011年9月からマーシャルで暮らし始めて、1年目は少しずつカメラやレンズ、録音機などの機材を買い集めるだけで撮影はしなかった。マーシャル語でのコミュニケーションもままならなかったし、関係性を作れていない中でカメラを回すことにも抵抗があったから。2年目から撮影を始めて、一番カメラを向けたのは同僚のフキコ・チュウタロウさんとその家族。フキコさんの人柄に魅かれたのが大きかったのと、フキコさんのルーツにも関心があった。

フキコさんのお祖父さんは、戦前に沖縄の今帰仁村から出稼ぎにやって来た具志忠太郎さんという方。ファーストネームの忠太郎がマーシャルでは名字になっていて、フキコさんのようにチュウタロウ姓の人に会うと具志忠太郎さんの家族とわかる。敗戦後、多くの日本人が引き揚げたなかで残留が認められた具志忠太郎さんは、晩年、牧師になって被ばくの実態を個人的に調査して世界に伝えようと力を尽くされた方だった。

撮影を始めた当時、フキコさんの家には夫と5人の子どもが暮らしていた。アメリカで暮らすフキコさんの姉の娘2人と、近くで暮らす妹の娘1人。もうひとりの女の子は、血縁関係のない3才の子だった。名前はミコ。フキコさんの家に通い始めてしばらくした頃、ミコがフキコさんの家にいる経緯を知ったときはとてもびっくりした。これから話すのは、フキコさんから聞いたウソのようなほんとうの話。

ある日、フキコさんの夫がたまたま訪れた離島で、泣いている赤ちゃんに会った。泣き喚く赤ちゃんは、お母さんの腕の中でいっこうに泣き止まない。試しにフキコさんの夫があやそうと抱っこしてみると、途端に赤ちゃんは泣き止んだ。それを見たお母さんは「この子はいつも泣いてばかりで手に負えないから、代わりに面倒をみてくれないか」とフキコさんの夫に相談。フキコさんの夫はその場で快諾し、赤ちゃんを連れて家に帰った。突然、夫が見知らぬ赤ちゃんを連れて帰ってきて、フキコさんはどういう反応をしたのかと訊ねると……。「それがね、その数日前、どこかの島で泣いている赤ちゃんの夢を見たの。その赤ちゃんがミコだったんだね」って。驚くほど自然に、ミコを家族として迎え入れていた。

ちなみにミコの名前は、血の繋がったミコのお姉ちゃんが名付けたんだって。もともとは違う名前を持っていたんだけど、フキコさんと夫の名前から一字ずつ取って、ミコと新しく名付けていた。育ての親への敬意が表れているよね。それを幼いミコのお姉ちゃんができるのもすごい。

ほかにもフキコさんの家には男の子が出入りしていて、彼もフキコさんの養子になっていた。彼は両親と折り合いがつかず、実家にいるとグレてしまう。そんな自分が嫌いだから、フキコさんの家で子どもたちの面倒を見たり、家事を手伝ったりしながら居候していた。フキコさんの家は決して広くないんだけど、12畳ほどのひと間にいろんな人が入れ替わり立ち代わりやってきて、フキコさんはいつも誰かの相談にのっていた。そんなフキコさんと、フキコさんのまわりにいる人たちの姿を映像で残したいと思ったんだよね。家族としてのあり方がものすごく豊かに見えたから。退勤後や休日に訪ねては、撮影をさせてもらっていたんだけど、あっという間に3年契約の任期を迎えてしまい、２０１４年9月に帰国。翌年、戦後70年の夏。出征先のマーシャルでお父さんが書いた日記を形見に持つ佐藤勉さんと知り合った。日記を携えた勉さんのマーシャルへの旅にわたしは記録係として同行して、その後職を転々としながら制作した『タリナイ』が初監督作品になった。公開は２０１８年。最初にマーシャルを訪れたのが２００７年だから、11年かかったんだね。

戦争の始まりと終わり

『タリナイ』を完成できたのは、佐藤勉さんのお父さんである冨五郎さんが出征前から書いていた日記が読める形で残されていたこと。また勉さんとの旅がとにかくいろんな運に恵まれて、目的地の離島や願った場所に辿り着けたことが大きかった。一方で、撮影から作品完成まではさまざまな難関もあった。ウォッチェ環礁をはじめとする離島には、週一便のスケジュールで運行している国内線の飛行機で行くんだけど、通称エアー・メイビー。綿密に計画を立てて行こうとしても、予定通り飛行機が飛ぶかは直前までわからない。離島へ行くハードルはマーシャルに住んでいても高かった。それに事前に連絡をとって会う約束ができていても、マーシャル人は断らないで予定を進めるのが基本。だから「いいよ」という回答がほんとうにＯＫかどうかも直前までわからないことが多い。約束通りの日時に会えたらラッキーという感じ。もし約束せずに会えたら、それがお互いにべストなタイミングであるということを学んだ。だからいつでも撮影できるような体制と心の準備が必要になる。

70年以上前のことを知りたいと訪ねて行っても、思い出してもらうのには時間がかかる。「もう忘れちゃったよ〜」と言われながらも雑談しているうちに少しずつ記憶が蘇る。記憶の回路がつながると、そこから芋づる式にエピソードが引き出されて、まるで昨日のことのように鮮やかに語り始める。そんな場面に立ち会えた瞬間は忘れがたい。撮影している時にしか味わえない緊張感があるよね。レンズを向ける相手と撮影している自分との間にあるカメラの存在が、語りを制限してしまうこともあるし、思わぬ広がりを持たせてくれることもある。あとで撮影した映像を見直すと、撮影時には気づかなかったことが見えたり、編集でのつなぎ合わせ方によっては意味合いがまったく変わって見えたり聞こえたりすることもある。撮影はひとりでしているけれど、編集はプロデューサーの藤岡みなみさんと二人三脚。みなみとの対話のキャッチボールで作品はうまれ、完成した。

『タリナイ』の感想で、心に残ったシーンとして挙げられることが多いのは、島の長老が「戦前、このあたりには家がたくさんあった。でも戦争ですべて失くなった。いまだにアメリカも日本も修復に来ない」と話をする場面。戦前、マーシャルの人たちがどんな暮らしをしていたのか。戦争に至るまでの間にどんな経験をしていったのか。そのあたりのことは日本語でも全然書き残されていない。わたしも長老に会って、日本軍が滑走路と飛行場を作る目的のためにたくさんあった民家を壊していたことを知った。滑走路を作る労働力には、軽度の犯罪を犯して収容されていた囚人を日本から連れてきて、治安維持を理由に住民に島を出ていくよう命じてもいたから、住民は家を壊されたうえに島から追い出されてもいた。

こうした戦争が始まる前の準備段階で島の人たちが経験したことをまったく知らないどころか想像すらできていなかったことに撮影を通して気づかされた。マーシャルと日本政府の間で戦後処理は終わったとされているけれど、住民からすれば失った家はいまだに修復されないいまま。戦争は終わったといわれても、壊された家はいつ戻ってくるんだろう。そう聞かれて、ハッとするようなわたしが今からでもできることは何だろう。

戦時下を生き延びた人たちの消息にも関心がある。ウォッチェ島を散策していた時に、分厚いコンクリート壁で囲まれた戦跡に「ウォッゼ記念」と赤い文字で書かれた朝鮮詩を見つけたの。カタカナ、漢字、ハングルの3種類の文字で書かれていたから、朝鮮半島から戦争に動員されてやってきた人たちが書いたものだとはすぐにわかった。いつ、どのように、どんな境遇に置かれた人たちがこの島にやってきたんだろうと思いを巡らした。詩の最後には、「昭和二十年十一月十日」と書いてあった。戦争が終わって日本国籍の兵士が先に帰還した後、最後まで残された朝鮮半島出身の人たちが、島を去る前に母語で戦争中には吐き出せなかった思いを書き綴ることで、この島で生きのびた証を後世に伝えたいと願ったのかなと想像した。詩を書いた人は、軍人軍属の可能性が高いと最初は思っていたけれど、調べていくうちに徴用工として連れてこられた可能性も出てきた。ところどころ韻を踏んでいて、漢詩の教養があった人たちが何人かで考えて書いたとも推測できる。手がかりを辿りたいと思っているんだけど、記録資料はほとんど残っていなくて難航中。

残っている記録の多くは、爆撃が何回あって、何人の人が亡くなって、といった数字の記録が多い。もちろん数字から想像できることもあるけれど、時が経過するほどに手を伸ばしたい記憶というのは、当時を生きた人の揺れ動く感情や思考の軌跡、人柄やその人の体温が感じられるようなものじゃないかな。記録も大切だけれど、同時に記録としては残りにくい記憶も残そうとしていくことが、体験者のいない時代を生きる上でとても重要なことなんじゃないかと思う。無数のひとりひとりの存在に光を当てることではじめて、戦争によって奪われたものの全体像が見えてくるんじゃないかな。戦争の始点と終点を単純に年月日だけで捉えることはできないように。

激動の100年

この前、フォトジャーナリストの豊崎博光さんの写真集『世界のヒバクシャ〈1〉マーシャル諸島住民と日本マグロ漁船乗組員』を読んでいたら、あることに気がついたの。撮影されたポートレート写真には、エンジン付きのボートがまだ普及していなかった時代を生きた人たちが写っているんだけど、星と波と風を頼りに、伝統カヌーで大海原を航海してきた人たちの体つきの美しいこと！　澄んだ目と誇りに満ちた表情も印象的だった。

同時に、マーシャルの人たちにとって今日までの１００年がいかに激動の時代であったかを思い知った。いま、マーシャルでは女性の３人に１人、男性の４人に１人が糖尿病といわれていて、ふくよかな体型の人が多いように見える。でも見た目ではわかりにくい痩せ型の糖尿病患者も多い。足を切断しなければならないほど重症化して、車椅子生活を余儀なくされてしまった人も少なくない。

その背景には、伝統的な食文化から輸入食品に頼る生活へと急にもたらされた食生活の変化が大きい。という理解で留まっていたんだけど、それはとても浅はかな認識にすぎなくて……。ここにも戦争が色濃く影を落としているんだよね。戦時下で補給路を絶たれて食糧が尽きると、日本兵はマーシャル人から食べ物を収奪した。多くの日本兵が餓死したようにマーシャルの人たちも飢えで命を落とした。戦争が終わったと思ったら今度はアメリカの信託統治領となり、スパムの缶詰、チョコレート、キャンディーといった甘くて脂っこいものがどっと島に入ってきた。島の人たちは貪るように食べてしまう。健康上の問題を抱えてしまうほどに。それはなぜか。戦時中の飢餓体験がトラウマとして現れる症状のひとつだと知った上で豊崎さんの写真集を手に取ると、写真の見え方も変わってくる。

マーシャルで幼少期を過ごした、早稲田大学教授でインディペンデントキュレーターのグレッグ・ドボルザークさんが「おばあちゃん」と呼ぶ女性の話も島の人たちの時間の捉え方をよく表している。「おばあちゃんの人生について話を聞かせてください」と、グレッグさんの幼少期にお世話をしてくれたおばあちゃんに、グレッグさんがインタビューをしたときのこと。おばあちゃんが生まれた日本統治時代の話から聞かせてくれるのかと思ったら、その時代の話を聞くまでに3日ほどかかったんだって。1日目は島が誕生した歴史に始まり、人びとはどこからやってきて、どのように暮らし始めたのか。おばあちゃんは島の成り立ちから話し始めた。2日目も日本統治時代の話に至らず、3日目グレッグさんが忘れた頃に「そして、日本人がやってきました」と、ようやくおばあちゃんが生まれた時代の話になった。なんと広大な、深い時間の中で、おばあちゃんは歴史を捉えているんだろうと感じる話だよね。島との結びつきの深さも物語っている。

マーシャルの人たちは自分が生まれ育った島だけじゃなくて、先祖や親族にルーツがある島も「出身」の島と呼ぶ。だから家族が増えれば増えるほど、出身地が増えていく。しかし、日本統治、太平洋戦争、水爆実験……と続く大国間の争いは、島と人びととの関係を一方的に断った。ふるさとの島に今も還ることができない被ばく者は、こんな言葉を残している。「自分とつながりのない島で暮らさなければならないことは、自分の命を奪われるのに等しい。『二流の島民』のように感じる」と。

国外へ移住する人もものすごい勢いで今増えていて、人口の3分の1以上がアメリカに移住したと言われているほど。背景には、1986年のマーシャル独立時にアメリカとマーシャルの間で結ばれた自由連合協定によって、マーシャル国籍のパスポートがあればアメリカでビザなしで暮らしたり、働いたりできるようになったことがある。職、医療、教育機会などを求めてアメリカへ渡る人のなかでも、若者が選ぶ就職先のひとつに米軍がある。アフガニスタンやイラク戦争へ従軍して、命を落としたマーシャル人の若者もいる。新たな戦争にも巻き込まれ続けているこの世界の構造をどう考えたらよいのだろう。

2019年に『タリナイ』をアメリカのコロラド州デンバーで上映する機会があって、観に来てくれたマーシャル出身の子どもは「初めてふるさとの島を見た」と言っていた。ふるさとを次の世代につないでいくことを大切にしてきた島の人たちが、ふるさとを知らないまま大人になっていく。共同体のあり方や歴史の語り方もいま大きく変わろうとしている。

マーシャル人の優しさとその背後にあるもの

マーシャルの人たちは、目の前の人を傷つける言葉を言わない。「ここにいていいんだ」と感じるような安心感を与える技術にとても長けている人たちだと思う。底知れぬ懐の深さで、配慮に満ちたコミュニケーションを自然にできる人たちだから、心から受け入れてもらえているように勘違いして、わたしは会いに通い続ける。再会を喜んで迎えてくれているように見えるけれど、本当の心のうちはわからない。わたしがアメリカ人であれ、日本人であれ、マーシャルの人たちは態度を変えない。でも話す内容は変える。例えば、わたしがアメリカ人だったら、いかに日本時代が大変で、アメリカ時代はよかったかという話をする。わたしが日本人だったら、アメリカ統治の弊害を語り、日本統治はよかったと言う。そうやって目の前の相手が居心地悪く感じないように礼を尽くそうとするのが、わたしが出会った多くのマーシャルの人たちに共通する他者と向き合う態度。さっき話したフキコさんのお母さんからも、知り合った頃は戦争の話をまったく聞かなかった。2年くらい経った頃かな。戦時中、マーシャル人から食料を奪おうと襲いかかってきた日本兵に殺されないように、酔っ払ったふりをして生き延びた住民がいた話を聞かせてくれた。わたしが戦時中の話を聞きたいと伝えても、信頼関係が築けるまでは遠慮して話をしなかったんだと思う。

そういうマーシャルの人たちの優しさは、大国の支配がくり返されるなかで身につけた処世術の一つといえるのかもしれないし、マーシャルの人たちの人間性というのか、道徳観というか……。的確な言葉を探し続けているんだけど、目の前の相手を罵倒したり傷つけることをせず、できるだけ円満な時間を互いに過ごせるように心を尽くす。そうしたマーシャルの人たちの姿勢は、大国による支配が始まる前から変わらないものなのかもしれない。

マーシャル語の挨拶は「Iokwe（ヤッコエ）」。「こんにちは」、「あなたに虹がかかりますように」という意味もある。どんな人にも「ヤッコエ」と声をかけることができるマーシャルの人たちは、物理的にも精神的にも壁を作ることで対話を諦めたり、戦争によって問題解決を図ったりはしない。いつでも、どこでも、誰とでも対話を始められる。そんなマーシャルの人たちが、わたしには本当に優しくてつよい人たちに見える。

歴史実践に補助線を引く

わたしにとってマーシャルとは何か、と聞かれると、人生そのものとしか言えなくなってきているかな。マーシャルから世界を眺めると、誰かの犠牲の上に成り立つ社会構造がありありと見えてくる。マーシャルを知ることは世界を知ることだし、世界を知ることはマーシャルを知ることになる。とくにマーシャルの歴史は時代ごとに区切られた「点」で語られがちだけど、グレッグさんが話を聞いたおばあちゃんのように、複数の点をつなぎ合わせて伝えていく補助線をこれからひとつでも多く引いていきたいと思う。

日常的にわたしたちが行っている歴史実践は人の数だけあるよね。多くの実践は、無意識のうちに行われているから「取るに足らないもの」として見過ごされがちかもしれない。でもそのひとつひとつは、とてもユニークでかけがえのないものだとこれまで出会った人たちから教えてもらった。日常に転がっている、まだ名付けられていない無数の歴史実践は、どれも等しく大切なもの。

歌を歌う。日記を書くという行為も、歴史を実践する日常的な営み。歌を聴くことで、日記を読むことで、わたしたちは忘れかけていた記憶を思い出す。多くの場合、思い出したその瞬間は、誰かに伝わることはない。思い出したその人の身体だけが憶えていて、反応する。一瞬の、儚い歴史実践。その儚さから生まれる歴史実践もまた無数にある。歌を聴いて感じたこと、日記を読んで考えたことを何らかの形で残したら、いつか誰かに伝わって、儚さは永続的なものに変わる力を秘めている。マーシャルの人たちの映画を日本で作り届けるのには、その秘めた力を信じ、願っているところもある。そういう意味でも、複数の点をつなぐ補助線の引き方や歴史実践の可能性を考えられる映画の制作は最高の教材であり誰かとつながるツールだと思う。多くの補助線に触れることは、わたしたちの生き方を見つめ直したり、他者との出会い方を問い直すことにもきっとつながるんじゃないかな。

無数の歴史実践に補助線を引く行為は、遠いところの声を近くに感じる力も与えてくれる。見えないものへの想像力を広げ、歴史実践を通した出会いをつぶさに見つめていくと、「歴史」と呼ぶものから足元の歴史実践まで、あらゆる世界は確かにつながっていると感じることができる。自分の人生は自分にしか生きられないけれど、歴史実践という補助線を引けば、時を超えて他者の人生を追体験することだってできる。自身が経験しえないことも、誰かの歴史実践を通して追体験できる楽しみを味わうことができたら、一瞬一瞬、より心を震わせながら生きることができるんじゃないかな。

大川史織（おおかわ・しおり）
1988年神奈川県生まれ。2016年に春眠舎を立ち上げ、プロデューサー・藤岡みなみと映画製作・配給を行う。ドキュメンタリー映画『タリナイ』（2018年）で初監督。『keememej』（2022）監督。編著書に『マーシャル、父の戦場――ある日本兵の日記をめぐる歴史実践』（みずき書林、2018年）『なぜ戦争をえがくのか――戦争を知らない表現者たちの歴史実践』（みずき書林、2021年）がある。2024年より春眠舎で出版事業をスタート。本書が初の版元本となる。

関連映画紹介

『タリナイ』
93分／2018年／日本

私が映画の仕事を続けるきっかけをもらった映画『タリナイ』。この作品に欠かせない人物の一人が佐藤冨五郎さんだ。1945年4月、出征先のマーシャルで飢えにより亡くなった冨五郎さんは、召集令状を受けた日から亡くなる数時間前まで日記を書き続けた。その日記は生き残った戦友によって、戦後、遺族のもとへ届けられた。2歳の時に父・冨五郎さんと別れた息子の佐藤勉さん（2016年当時74歳）は、その日記をずっと大切にしてきた。そして、父の最期の地をめぐるためにマーシャルへ旅に出る。その旅路を追いながら、日本で忘れられてしまったマーシャルとの歴史を映し出していくのが、映画『タリナイ』だ。

もしも冨五郎さんが日記を書いていなければ、もしも戦友が日記を届けられなければ、もしも勉さんが父親にこれほどまでに強い想いをもっていなければ、もしも勉さんと史織さんが出会っていなければ……。様々な「もしも」の分かれ道を経て、この映画は誕生した。その奇跡のような運命のような事実を想うと、いつも胸が熱くなる。

冨五郎さんが伝えたかった戦争の記憶と、史織さんが掬い上げたかったマーシャルの記憶。それらが交差して生まれた『タリナイ』を観ていると、戦争を体験していない私たちにも、記憶を未来へ繋いでいく役割があること、そして繋いでいく力があることを、きっと感じられるはずだ。

また冨五郎さんの日記は、経年劣化等によって解読が困難なページも多かったが、たくさんの人たちの想いが数珠のように繋がり全文解読が実現した。史織さん編の書籍『マーシャル、父の戦場――ある日本兵の日記をめぐる歴史実践』（みずき書林）に収録されている。

さらに『タリナイ』の公開から1年後に、史織さん、みなみさん（プロデューサー）、勉さんと出演者の末松洋介さん、勉さんの甥っ子さんと娘さんのみんなでマーシャルを訪れた旅路は、ドキュメンタリー映画『keememej』（２０２２）になった。私が『タリナイ』に強い思い入れがあるのは、こうした「一つの映画作品にとどまらない、たくさんの出会いと学びの広がり」をもらってきたからこそだ。

ちなみに『タリナイ』と出会っていなければ、本書も生まれなかった。それについては「もうひとつの『はじめに』」で……。

「映画配給と私」2

映画が映画館に届くまで［前編］

「映画配給」という言葉は耳にしたことがあっても、具体的にどういう仕事内容なのか、イメージがつきにくいかもしれない。私自身、ユナイテッドピープルに入るまではまったく未知の世界だった。そこで、映画配給の大まかな仕事内容について、前半後半の二回に分けて紹介する。私がユナイテッドピープル時代に公開に携わった作品はすべて海外のものだったため、海外作品の場合のプロセスだ。ただ、会社の規模等によっても、配給のプロセスでやることや、そのやり方は少しずつ異なるのではないかと思われる。「映画配給の仕事はこういうもの」という100%の正解として読むのではなく、普段きっと意識することがない、「映画が映画館に届くまで」に行われている多様な準備に、想像を膨らませる一助としてもらえればと思う。

①映画探しと権利の交渉

まずは配給する映画探しからスタートする。映画を見つける場としてよく知られているのは映画祭だろう。他にも、海外向けに映画作品を販売している会社からの案内で見つけることもある。あるいは人伝てで紹介される場合もある。そうしたいくつかのフィールドで映画を探し、これを買おう！　と決めたら、映画の権利を持っている会社と交渉を行う。

映画の権利は媒体ごとに分かれている。映画館や上映会などで上映する権利だけを買うこともあれば、ＤＶＤを販売する権利や、テレビで放映する権利、あるいはインターネットで配信する権利なども合わせて買う場合もある。そのため、たとえばＡ社が劇場公開した作品と同じ作品が、Ｂ社経由で別の邦題や異なる字幕でインターネット配信されている場合もありうる。

また、権利の範囲は基本的に国ごとで分かれている。よく海外在住の方から、ユナイテッドピープルが配給している作品を上映したいという問い合わせをもらうこともあったが、日本国内の権利しか取得していなければ貸し出すことはできない。

以上のような媒体の範囲に加えて、契約年数や売上の配分、精算・支払いのタイミングなども先方と交渉のうえ決定する。多くの作品は、ミニマムギャランティ（ＭＧ）と言われる、最低限必ず支払う金額に加えて、売上の一部を配分比率に応じて支払う。作品によっては、最初に一定の金額を支払って買い切りし、以降の売上はすべて配給会社のものとするような契約の仕方もある。

②字幕の制作

海外作品の際に必須となるのが字幕付けだ。字幕はセリフの秒数に応じて人間が読める文字数を割り出し、その字数内で訳す必要がある。英語さえできればＯＫというわけではなく、映像翻訳のスキルをもった人にお願いする必要がある。

作成してもらった字幕は、配給会社の私たちも二度三度と細かく確認をし、わかりにくい表現や誤解を生みそうな言葉、意訳され過ぎていると感じる部分などは、話し合いながらアップデートしていく。

なお映画で使用されている言語が英語以外の、特に日本で対応している人が少ない言語の場合は、すでに本国側で作られている英語字幕を元に日本語字幕を作り、それを元の言語に精通している人に監修してもらう。

③上映劇場の調整

字幕がある程度できたら、作品を映画館に観てもらい、上映を検討してもらう。その際、私たち配給会社からは、この作品のテーマが今社会でどのような注目を集めているかや、どんな客層が見込めそうか、また、公開に向けてどうプロモーションを展開していく予定かなどもアピールし、上映を決めてもらえるよう交渉を行う。

基本的には最初に東京での公開館が決まってから、他の地域の劇場にも当たっていく。東京での興行成績を見てから上映を検討したいと地方の映画館から言われることも少なくない。各劇場、スクリーンの数も限られているため、上映作品の決定に慎重になるのも理解できる。

④邦題の検討

海外作品の邦題を決めるのも基本的に配給会社の役割だ。「邦題がイケていない」という声はよく耳にするし、私自身そう感じることも少なくないが、自分が邦題を決める立場に立ってみたことで、その難しさを深く感じるようになった。

例えば私が邦題をつけた作品の一つが、前回のコラムで紹介した『ジェンダー・マリアージュ～全米を揺るがした同性婚裁判～』だ。この作品の原題は『The Case Against 8』。同性婚を否定する議案「提案8号」に対する裁判を追った作品であることから、このタイトルがつけられている。

同作が東京国際レズビアン&ゲイ映画祭（当時）で日本初上映された時には『アゲンスト8』という邦題だった。しかしこれだと、一見アクション映画のようにも感じられるし、闘っている感じが強く、堅い作品にも思われそうだ。この作品の劇場公開にあたっては、長年LGBTQ関連の映画を日本に届けるのに尽力してきた人にもサポートに入ってもらったが、その人から「当事者はどんなタイトルでも観に来てくれるはず」との意見をもらい、「当事者ではない人や興味を持っていない人でも惹かれるような柔らかめのタイトルにしよう」という方針に至った。

そのうえでいくつも案を出し合い、最終的に決まったのが『ジェンダー・マリアージュ』だった。ジェンダーもマリアージュもある程度日本で馴染みのある言葉で、LGBTQと結婚という2つのテーマを示唆する要素も含む。加えて、「自分は当事者じゃないから関係ない」と分断せずに、みんなでもっと混ざり合って考えてほしい、そして調和のとれた心地よい世界になってほしい、という願いも込めた。

ただ、同性愛は本来「ジェンダー」ではなく「セクシュアリティ」に関わるものだ。当時はまだセクシュアリティという言葉が日本に浸透していなかったことや文字数が多いことなどもあって、敢えて「ジェンダー」を選んだ。そうした経緯もあり、今もこの邦題がベストだったかは分からずにいる。日本でもLGBTQや同性婚についてよく話題にのぼるようになった今、あらためて邦題をつけるとしたら、全然違うタイトルにするかもしれない。

以上が映画が映画館に届くまでのプロセスの「前半戦」だ。上映作品自体を用意する下準備と言えるかもしれない。そしてこのあとの「後半戦」では、劇場公開に向けて、外へ届けるためのステップを踏んでいく。

時の止まった島、マダガスカル

Katsuhisa Takesue
武末克久

インタビュー日：2021.3.15

「日々の買い物が社会を変える」「買い物は投票」といった言葉を近年よく耳にするようになった。それは翻せば、私たちが買っている商品や製品が作られる過程で、傷つけられている人や自然環境が存在することが明らかになってきたということだろう。

たとえば、安価で使い勝手がよいために多様な加工食品や製品等に使われ、需要が高まっているパーム油。その原料となるアブラヤシを栽培するために、インドネシアやマレーシアなどで熱帯雨林の大規模破壊が起きている。あるいは、ファストファッションと呼ばれる安価な衣類の生産にあたっては、劣悪な労働環境で低賃金で働かされている人がいたり、児童労働が起きていたりもする。

このような背景があるかもしれない商品を買う（＝お金を渡す）と、その状況を継続させることに加担してしまうことになる。逆にそうしたものは「買わない」選択をして、人や自然環境にやさしいものを買う人が増えれば、企業もそちらのニーズに合わせてきっとシフトしていく……。そんな発想が冒頭に挙げた言葉には詰まっている。

私がユナイテッドピープルに勤めていた頃にも、こうした「買い物の裏側で起きている問題」を明らかにするような映画を扱っていた。そういう作品は観終えた時に、心身ともにへとへとになり、絶望的な気持ちになる。あまりに問題の構造が複雑すぎて、到底解決できないように思えるからだ。そんな社会を作り出したニンゲンという生き物を辞めたい気持ちにもなる。

一方で、そうした映画の配給にあたり、宣伝の協力をしてもらえる企業や人物を探していくなかでは、「エシカル」や「サステナブル」といった言葉で表現される、人や社会に優しい選択肢を生み出している人たちと出会った。国や言語、文化の違いなどに関係なく、作り手の人たちと対等に向き合い、一緒に魅力的な商品を生み出そうとしている人たち。あるいは、小さな規模からでも、自然環境への負荷が少なく、長く大事に使ってもらえるような商品を丁寧に作っている人たち。そういう人たちのまっすぐな想いに触れる時間は、いつもワクワクし、励まされ、ニンゲンを愛おしむ気持ちを思い出させてくれた。

アフリカ大陸の南東に浮かぶ島国マダガスカルからバニラの輸入を行っている武末克久さんもそんな一人だ。実は日本に輸入されているバニラの9割はマダガスカル産だ。しかしバニラの世界においても、買い叩きなど生産者にアンフェアな事態が生じていたり、組織だった盗難など、トレーサビリティ（生産から消費あるいは廃棄までの流通経路）が不透明なものも多かったりするという。

武末さんが惚れ込んだバニラは、マダガスカル人の組合が、栽培から輸出までのすべてを自分たちで行っていて、どこで誰がどんなふうに作ったバニラかがわかる。生産者に対していくら支払ったかもしっかりと記録されているうえ、組合としての売り上げの一部で、次世代育成のための奨学金制度までつくっているという。また、バニラが育てられている環境も豊かな森の中で、「アグロフォレストリー」という自然の生態系を邪魔しない農法で作られている。

かつて環境コンサルタントとして働いていたこともあり、企業活動が自然環境に与える影響を長らく見つめてきた武末さんにとって、このバニラは「ようやく出会えた、これだ！　と思えるものだった」という。

私は武末さんがそのバニラを本格的に日本へ輸入するにあたって、クラウドファンディングを行う際に、伴走役として友人の紹介で出会った。これまでも、様々なエシカル／サステナブルな商品を扱う人たちと出会ってきたが、なかでも、武末さんは飛び抜けていつも楽しそう、というのが私の印象だ。クラウドファンディングのサポートをした時にも、「やるべきこと・やったほうがいいこと」のリストが増えていくと、多くの人は「やりきれるだろうか……」と不安な顔になる。でも武末さんは「いやあ〜楽しいです！」と爽やかな笑顔で応えてくれたことを今でも覚えている。そして、マダガスカルに買い付けに行っている時の武末さんは、ＳＮＳ越しで見ていても、少年に戻ったように生き生きしている。そんな武末さんの「楽しい！」が溢れる姿を見ていると、私もマダガスカルに行ってみたくなるし、国際的な指標でいえば、「後発開発途上国」で「貧しい」とされるものの、とても魅力に満ちた国なのだろうなと感じる。

加えて、昨今、エシカルやサステナブルがある種のトレンドになってきて、売れるからという理由で参入する企業や、売り文句として使われているように感じる場面も増えてきた。だが武末さんからは、ビジネスとして継続することを大事に考えている想いは聞くことがあっても、「売り上げを伸ばしたい」というような言葉を聞いたことが一度もないのだ。そもそもバニラはメインの食材のようにスポットライトが当たることは少なく、個人顧客に売りやすいものでもない。儲けることが目的であれば、もっと効率がいい商材があるはずだ。それでもバニラを選んだことからも伝わってくるが、「このバニラを知って欲しい！」「素晴らしい作り手の人たちと繋がってほしい！」という想いが、とにかく強い。

今回のインタビューではそんな武末さんのぶれなさの理由も垣間見えた。また、「貧しさとは」「豊かさとは」という大きな問いも投げかけてみた。

大量生産大量消費、経済効率、グローバル化といった「豊かさ」を求めて進められてきたものの「歪み」が見えるようになってきた今、私たちは未来にどんな「豊かさ」を望むのだろうか。

マダガスカルへ旅立つ前に

○国連に加盟している193カ国のうち45カ国が、特に開発が進んでいない「後発開発途上国」で、マダガスカルもその一つ（2023年時点）。

○マダガスカルは1896年から1960年までフランスの植民地だった。独立後もしばらくは政治、経済、文化など様々な面でフランスに依存する状態が続いていた。

○近年は経済成長し続けているが、人口増加率が高いため、国民ひとりあたりの生活水準は上がっていない。貧困率は農村部で約8割、都市部でも5割以上。

○マダガスカルで栽培されている作物のなかの稼ぎ頭がバニラ。生産量は世界一。2019年における世界生産の4割以上を占めている。日本に輸入されているバニラも9割以上がマダガスカル産。

もともと福岡県の出身なんですが、僕が小さい頃には通学路に田んぼがあったり、自然環境もまだ豊かで、ザリガニ釣りをして遊んだり、カブトムシやクワガタも大好きで採って育てたりしていました。そんなふうに昆虫や生物に興味があって、いつの頃からか「遺伝子を触りたい」って思うようになったんです。それで大学受験のとき、最初は理学部生物学科を受けたんですけど落ちてしまって、その後合格した農学部に進みました。

大学では卵子を包んでいる「顆粒膜細胞」というものを研究していました。卵子の元である卵母（ランボ）細胞っていっぱいあるんですけど、その中で成熟して卵子となって排卵される数は、たとえば人間だったら1ヶ月に一個だけですよね。１００万個を超えるという卵母細胞のなかから一つだけが選ばれて、それが成長して排卵されるんです。その選ばれる機序の一つに一酸化窒素が関係しているんじゃないかという説が当時あって、その研究をしていました。屠場で豚の卵巣をもらってきて、そこから取り出した顆粒膜細胞を培養して、そこに卵巣刺激ホルモンなどのホルモンを加えて遺伝子の発現を見る、というような実験をやっていました。培養した細胞が、ホルモンを入れると本当にすごく変わっていくんですよ。新しい何かを発見する感覚がすごく楽しかったですね。

だから最初は大学に残って研究者になろうと思っていました。でも大学院に進んでみたら、ちょっと違和感もあったり、就職した友人たちがお金を稼いで経済的に自立しているのを見て、やっぱり就職しようかなって迷ったり……。でも研究者の夢も捨てられなくて、最終的に製薬会社の開発職に就職しました。

入社して最初は薬効や安全性を動物で確認する研究所に配属されましたが、すぐに、志願して臨床試験を担当する部署に異動しました。投与する薬剤はどのくらいの用量にするのか、症例として何名の方に参加していただくのか、どういう期間で試験をするかなど、臨床試験をデザインするのにはすごく知恵が要りますし、立てた計画をきちんと守ってもらえるようにお医者さんに働きかける必要もあります。新薬承認申請やその後の審査当局とのやりとりもあります。非常に忙しく責任が重い仕事でした。そして気付いたら、目指していた研究職からはだんだん遠くなっていて、仕事そのものに強い想いがあるというより、もともと体育会系だったこともあって、「組織のために貢献する」みたいな意識で働くようになっていました。だからだと思います。だんだん「これが僕のやりたいことなのか?」っていう疑問が頭につきまとうようになったんです。

そんなある日、臨床試験を実施している病院を訪問するために熊本へ出張に行って、先輩と仕事終わりに飲んでいたら、「なんかすごいことになっているよ」って……。9・11アメリカ同時多発テロが起きたんです。その様子を居酒屋のテレビで見ていました。そして、まもなくアメリカが報復としてアフガニスタンに侵攻していった。あの頃の「アメリカが正義でアフガニスタンが悪」のような二項対立の報道に対して疑問が湧いたんです。テロは決して肯定できません。でも、彼らがそもそもテロを起こした原因を考えたら、必ずしも白黒つけて語れることではないのでは……。強弱＝善悪のように扱われていることにすごく違和感を覚えたり、素朴に生きている人たちが武力で制圧されていくことに理不尽さを強く感じました。

西洋社会へ組み込もうとする「支援」の側面

自分の仕事に対するモヤモヤと、世界の構造に対するモヤモヤとが重なっていたなか、地下鉄丸ノ内線の吊り広告で、拓殖大学の社会人向け夜間コースの広告を見かけて、その開発教育のコースに惹かれたんです。

開発教育もかつては、「途上国に存在する問題を先進国の人々に知らしめて、寄付を募る」みたいな方向性だったんですけど、次第に変化して、「問題は実は先進国側にあるんだ」という考え方になってきていました。たとえば僕らが食べているチョコレートの背景に、森林破壊があるとか……。だから、僕らは寄付をするだけじゃなくて、問題を解決するためには、自分たちの生活を見直さないといけないんだ……。という考え方になってきていたわけです。

加えて、たとえば日本にも貧困の問題はありますし、当時は、親が子どもを殺したり子どもが親を殺したりするような事件が結構報道されていました。こういう問題も実はグローバリゼーションと関わっているんじゃないかという意識が頭の片隅にあったので、あらためてグローバル化と世界の問題について学んでみたくなったんです。

その頃出会って影響を受けた本に『懐かしい未来』があります。ヒマラヤの辺境ラダックに暮らす人たちとグローバリゼーションの影響について書かれている本なんですけど、僕も当時、「一方的な支援の形は途上国にとって為にならない」というのは理解していました。でも、一部の支援はやはりやる必要があるだろうと思っていたんです。たとえば学校を作って教育を向上させるとか。でも『懐かしい未来』では、それすらにも疑問を持つべきだと書かれていました。ラダックの人たちは自給自足をしていて、彼らにとって必要な「教育」は、家族と一緒に農業をしながら日々の暮らしを送ることそのもの。季節ごとにどのあたりから日が昇るとか、その季節が来たら何をしないといけないかとか、体験しながら学んでいくわけです。だから彼らを学校に通わせてしまうと、ラダックの人たちにとって本来必要な「教育」の機会を奪うことになってしまう。

もちろん支援にも多面的な意味合いはあると思いますが、一つの側面として、グローバルな経済圏や西洋文化の拡大という面もあるんじゃないかと、この本を読んで感じるようになりました。「開発」を通じて自分たちの文化を植え付ける。彼らだけで自立できていたのに、そこに「開発」を持ち込んで、西洋社会の最底辺に組み込むわけです。そして僕らが必要な農作物を作らせたりする。教育やインフラを整えるということのなかに、どうしてもそういう側面があるんじゃないかと、この本を通じて痛感しました。

そんななか、拓殖大学の開発教育ファシリテーター養成コースのスタディツアーで、インドネシアの首都ジャカルタに10日ほど行ったんですが、そのとき何を感じたかというと「どうして僕らが支援しなきゃいけないんだ」ってことだったんです。ジャカルタは当時でもすでにショッピングモールとかがあって、インドネシア人もそこで普通に買い物をしたりしていて、経済的に豊かな人はたくさんいたのです。それなら、外から来た日本人が何かをするんじゃなくて、インドネシアの人たちが自分たちでやればいい。もし僕らが逆に支援される側の立場だったら、「そんな余計なお世話はしないでください」っていうんじゃないかと思います。その時に感じたことは、今自分がバニラの活動を行うときのスタンスに繋がっています。

資本主義社会において変えるべきものは

そんなことを拓殖大学で学び終わってすぐ、妻がイギリスに転勤になったので、ついに製薬会社を辞める決断をして、一緒にイギリスに行くことにしました。そして、大学院で国際関係学を勉強しました。大学院での学びを経て自分なりに出した結論が、「今の資本主義のなかで何か物事を変えようと思ったら、企業を変えなければいけない」ということでした。もう少し具体的にいうと、企業の意思決定の基準に環境や社会に関する項目も入れること。たとえば、企業が環境方針をつくるとか、原材料の調達方針のチェック項目に環境関係のものを入れるとか、そういうことです。今の社会を一番形作っているのは企業活動なので、お金儲けだけじゃない、そういうプラスアルファの何かを企業のなかに入れていくことが必要だと思うようになりました。

それで帰国した2010年、企業に対して環境コンサルティングを行っている会社に入りました。ちょうどその年、愛知県名古屋市で「生物多様性条約第10回締約国会議」、通称COP10が開催されました。それまではこういう国際会議って、端的に言って「現在の環境問題の原因を生んだ先進国から、いま現在環境に配慮した対策が必要な途上国に、どう資金を流すか」っていう国と国との議論だったのですが、そのなかに少しずつ企業も巻き込まれ、行動変容や資金負担を求められるようになっていった時期でした。

名古屋でのCOP10でも、企業も一緒に取り組みましょう！　って話になったんですけど、まだ「企業はどうすればいいんだ？」「そもそも生物多様性って何？」みたいな状況だったわけです。それで、僕が入社した会社の社長が、生物学の研究者でもあったので、大手企業を巻き込んで、生物多様性を保全するために企業が取り組むべきことを考えようと先導することになった。そこから生まれた会社でした。

企業活動が生態系に対してどんな負荷をかけていて、どのように依存をしているかなどを分析調査して、その結果から、「うちの会社はこういうふうに生物多様性について取り組みます」っていう方針をつくる手伝いをするのが僕らの仕事でした。方針ができたら、より実務に近い仕事になっていきます。具体的にどういうことをするかというと、一番自然環境に影響を与えたり依存したりしているのは、やはり原材料なんですよね。よく知られているところでは、パームオイルを確保するために、熱帯雨林を燃やしてアブラヤシを植えることが行われていたり、鉱物の採取のために山が切り開かれていたり……といったことがあります。そういう原材料に関係するリスクを、調達先の現地に行って確かめたり、文献で調査したりして、どこから改善するといいかなどを企業と一緒に考えて、方針を固めていくようなことをしていました。

自分が関わって作られた方針が、その企業のウェブページに出たりして、企業が変わっていく姿を見られるのはすごくやりがいがあった一方で、難しさもありました。環境担当やCSR担当の人には理解してもらいやすいんですけど、当時は経営層の理解をなかなか得られなかった。環境問題に対して何か取り組もうとすると、どうしてもコストが上がることが多いんです。それを商品の価格に転嫁してしまうと、消費者は買わなくなってしまう。しかも、たとえばCO2の削減であれば数値で効果を示しやすいんですけど、生物多様性となるとその効果を客観的数値で示すのが難しい。だから倫理観や使命感を交えながら経営者を説得しないといけませんでした。それが難しかったですね。

頭でっかちだった自分に気づいた

結果的に7年働いて、その会社を辞めました。一番のきっかけは、ある飲み会で「武末さんは本当に森林破壊を止めたいと思っている？」って聞かれたときに、即答できなかったこと。「うん、まあ、それは当然そうでしょ」みたいに濁しちゃったんですよね。当然止めたいと思っていたし、そう話していました。でも、実は心からそういうふうに思っていないことに気付いたんです。頭ではわかるんですよ。開発で一面木が切り倒された写真とかって気持ち悪くなるぐらいひどいですし、数字で見ても、止めないとだめでしょってわかるんです。でも、自分の心のうちを突き詰めたら、本当に困っている人たちのことを見ていないし、心から止めたいと思えていなかった。机上の理論武装だけでやっていたんだと思います。そういう違和感が大きくなって、辞めることにしました。

次に何をするか決めずに辞めて、ちょっとゆっくりしていたときに、友人と食事をしていたら、そういえば、共通の友人が今マダガスカルの大使館で働いているみたいだねって話になって、じゃあ一緒に行きますか！　って思いつきでマダガスカルにいくことにしたんです。そのときはまさか自分がマダガスカルにハマるなんて予想だにしていなかったですし、純粋に観光気分で飛んで行ったんです。

とはいえ、一緒に行った友人もＣＳＲ関係の仕事をしていたので、せっかくなら「現場」を見たいっていう話になりました。マダガスカルといえば、バニラの産地として有名で、かつそこに課題があることもぼんやりとは知っていたんです。環境コンサルタントの会社で働いていたときに、大企業が生物多様性や自然環境保護のためにどういう取り組みをしているかを調査することもあったんですけど、そのなかでマダガスカルのバニラに、結構な額の支援が回っているのを見ていましたから。バニラ農家の人たちの生活改善とか栽培技術の向上とか……。ただ、具体的にどんな問題があって、現場でどのようなことが行われているのかは全然知りませんでした。それで知り合いの伝手で、現地のＮＧＯのスタッフを紹介してもらって、彼が住む街の周辺でバニラ栽培が行われている場所を見にいくことにしたんです。

トレーサビリティがとれないバニラ

バニラって言葉は皆さんよく知っているけど、実物について知っている人は少ないのかもしれませんね。天然のバニラ、つまりバニラビーンズはよく洋菓子に使われています。

カスタードクリームとかに使われて、それを洗って乾燥させて、次はシロップにしたり、砂糖と一緒にミキサーにかけてバニラシュガーにしたりして、クッキーや焼き菓子に幅広く使われています。お菓子だけじゃなくて、料理にも意外とオススメです。

一方で、香料として利用されているバニラの香りは、実は石油から作られているものが圧倒的に多いです。バニラの香りの主成分であるバニリンは、化学的に合成できます。例えばリグニンという木の成分は、紙を作る際に廃棄されるのですが、それを化学処理するとバニリンになるんです。だから皆さんに馴染みのあるバニラの香りは、必ずしも天然のバニラビーンズから来ているとはかぎりません。

マダガスカルのバニラは、いわゆる大規模なプランテーションでの栽培スタイルは少なくて、大半が家族経営の小規模農家で栽培されています。栽培されたバニラは農家から加工業者にわたり、加工業者から輸出される仕組みになっているんですけど、農家と加工業者の間に仲介の「コレクター（collector）」がいるんです。これはバニラにかぎらず、どこの途上国でも似た構造だと思いますが、小規模農家が加工業者と直接やりとりをしようと思ったら、交通インフラが整っていないので、たとえば農園から村まで30㎞を歩いて運ぶ……みたいなことをしないといけない。物理的に困難なわけです。だからコレクターに買い取ってもらう人が多い。コレクターは必要ではあるのですが、でも悪意のあるコレクターはなるべく安く買い叩くわけですね。いまは携帯電話が普及し農家さんにもだいぶ情報が入ってくるようになったので、昔ほど買い叩けなくなっているとは思いますけど。

もう一つ今問題になっているのは盗難です。収穫の半分とか大半とか、そういうレベルでパッと盗まれちゃうんです。その盗まれたバニラが流通するルートが絶対にあるはずで、それが最終的に加工業者に渡って輸出されていると思います。正規のルートだと、各村に取引所があって、そこに農家やコレクターがバニラを持ち込んで、来ているバイヤーと交渉して成立したら買い取られるような形になっています。買い付けシーズンになると、あそこではいくらで売買が成立した、みたいな情報が出回って、バニラのおおよその売買価格が決まっていきます。その価格は僕らに「見える価格」ですね。でもそうじゃない「見えないルートと価格」で流れているバニラも相当量あると思われます。

窃盗はもちろん、悪質なコレクターを挟んで売買されるバニラも、いろいろなところで栽培されたものが混ざっているので、どこでどんなふうに作られたバニラか、トレースが取れません。だから日本に流通しているバニラの9割以上がマダガスカル産ですけど、その多くは、どういうバニラか分からないんですよ。

「バニラ商人」になる!

僕らが見学させてもらったバニラ農園は、マダガスカルの東北沿岸部に位置する小さな農村にあります。首都から車で1日のところにある街から、さらに舗装されていないガタ道を車で1時間ほど走り、そこからまた1時間ほど歩いてやっとたどり着くことができる、というような場所に散在しています。ぱっと見「農園」という感じではありません。「アグロフォレストリー」という森のような農園です。アグロフォレストリーは、農業を意味する「アグリカルチャー」と、林業を意味する「フォレストリー」を組み合わせた造語です。多品種の作物を、それぞれの特性を考えて、自然の森のように生態系を維持する形で育てています。バニラもそんな「森」のなかに作物の一つとして植えられています。他にも、パイナップルやバナナ、コショウ、シナモンなど様々な換金作物や、土壌を肥やすための植物、サイクロンなどの強風から農園を守るための木々なども一緒に植えられています。本当に自然の森のような農園で、その美しさにすっかり魅了されました。

もう一つそこの農園がすごいのは「協同組合」でやっていることなんです。彼らは500戸ぐらいの農家から直接バニラをはじめとする作物を買い取っています。その名簿やリストもきちんとあって、今年はこの農家からどれだけ買ったっていうことも全部記録に残っていますし、協同組合が彼らにいくら払ったのかも明記されています。作物の買い取りだけでなく、栽培技術の指導や苗の提供なども行なって、組合全体としての品質向上や収穫量の増大に努めています。また組合としての売り上げを活かした奨学金制度もあって、若者を大学へ送り出して最新の農業を学ばせるような支援も行っています。

さらに彼らがすごいのは輸出許可を持っていることなんです。マダガスカルでは一般的に協同組合は輸出許可を持てなくて、加工業者に渡してそこから輸出しないといけません。でもそこの協同組合は輸出許可まで持っていて、彼らですべてを完結できるわけです。「これだ」って思いました。僕がコンサルタントの時に言っていた、持続可能な農業とか、持続可能な原材料調達とかの一つの好例だと思ったんです。

話を聞いてみると、彼らはフランスには輸出しているもののそれ以外の国には、ほとんどリーチできていないというので、僕はマダガスカルと日本を繋ぐ「バニラ商人」になることにしました。その農園と出会ったのが２０１７年5月のこと。その年と翌年は、少量のバニラを買い付けて、有名レストランやショコラティエに使ってもらい、品質にお墨付きをもらったり、日本でも需要があるか確かめたりしていきました。２０１９年には、買い付けにあたってハードルになっていた「前金制」をクリアするためにクラウドファンディングを行い、本格的な買い付けを開始するようになりました。

環境コンサルタントをやっていた時には、日本の企業側を支えることで、その企業に原材料を供給する作り手側の状況も変えていくというような、企業側から作り手側に働きかけるベクトルだったんですけど、今は逆で、農家のほうを支えて企業側を変えていくようになるわけです。だからベクトルの向きが変わるだけで、やろうとしていることはたぶん変わっていないと思います。でも、かつて「森林破壊を本当に止めたいと思っているか？」と聞かれて、言い淀んだ自分とは違って、今は現場があって、実際の物を持っていて、全部自分の言葉で話ができる。もう何も怖いものがないというか、後ろめたさがないというか、ものすごく気持ちいいんですよ。

マダガスカルの人たちが誇りを持てるような届け方をしたい

僕は彼らが貧しいから支援をするわけではありません。最初に協同組合の理事会で彼らと話したとき、「お前は何をくれるんだ」みたいなことを言われたので、何を言ってるんだ、僕は何もあげはしないと言い返しました。僕はあなたたちの商品を日本で売ります、とにかくあなた達はいいものを作ってくださいと。支援じゃなくて応援をする。しかもそれは、ビジネスを通しての応援をするんだという話をしたんです。僕は彼らとそういう関係性を築きたい。

僕が上で彼らが下というふうに、彼らが感じることがないように意識してはいます。たとえばウェブページも、よくこういう商品だと、「マダガスカルは貧しくて、森林破壊が深刻で、他にもこういう問題があったりして……でも僕のバニラは違います」みたいな表現のされ方が多い気がするんです。それはしたくない。彼らが僕のウェブページを見たとき、誇りを持ってもらえるようなページにしたいんですよね。だからなるべく負の要素は書かないようにして、代わりに、こんなに素晴らしいんだよ、こんなに頑張っているんだよ、っていうところを前面に出すようにしています。

たとえば協同組合の事務方のトップであるディレクターのセルジに、将来どうしたいかという話をしたことがあるんです。そのとき、たとえば、今500の会員を1000にしたいとか、収益を上げたいとかそういう答えが返ってくるかと思ってたんですけど、そうではなくて、規模はあまり気にしていないと。とにかく今の仕組みや状況がちゃんとずっと続くように運営したいって言うんです。持続可能性のほうを重視していて、これはすごいことだなと思いました。

他にも、最初に農園を案内してくれたジョセフは、組合に入る前は農業にあまり誇りを持てずにいたといいます。確かに、マダガスカルでは今もある種の自給自足というか、自分たちの食べるものを自分たちで育てている人が多い。だから、農業は職業というより、生活の一部なんですよね。でも街に行ったらそうじゃなくて、別の仕事をして、食べ物はお金で買っている人たちがいるわけじゃないですか。そういう人たちと比べたときに、農業で暮らし収入が少ない自分の生活が惨めに見えるのかもしれません。でも組合に入ってからは、バニラをはじめとした農産物で、ある程度お金を稼げるようになった。だから今は、息子に農業を継いでほしいと思うようになったと話してくれました。

アグロフォレストリーの素晴らしさと合わせて、そういう話を、僕は日本の人たちに伝えていきたいんです。

ちなみにアフリカって、明るくて主張が強い人が多いイメージをもたれやすいんですけど、マダガスカル人は控えめな人が多いです。自分をアピールするよりも遠慮する。アフリカ大陸の国々とは違うと、アフリカをよく知る人は言いますね。

資本主義による分断を結び直す

いま資本主義の仕組みの中でいろいろな関係性がブチブチと切れていると思います。それは必然なんです。資本主義は、需要やディマンドと言われますが、今まで人が頑張って自分たちで何とかしてきたものや、必要だとされることを、サービスに置き換えていく。人と人とのつながりでやってきたことが、サービスとしてお金を払って購入するものに置き変わると、どんどん関係性が希薄になって切れていくんですよね。これは自由主義の文脈から見るといいことなんです。例えば介護の施設ができるとして、そのことで、子どもが親の介護に縛られずに、自分の仕事や暮らしに専念できるようになる。個人がより自由になれるわけです。

一方で、かつては社会やコミュニティで決められていた「こういうことは大事にしよう」っていうことや「人はこうあるべきだ」っていう価値観も、すべて個人に委ねられるようになっていきます。自分がどうあるべきかは自分で決めていい。多様性が尊重される時代になってきました。でも逆にいうと、そういったことを自分で判断しないといけない。ものすごく自由だけど、ものすごく大変で不安定です。だから新たな関係性やコミュニティを紡ぎ直そうという動きも出てきているんだろうなと思います。ＳＮＳやシェアハウスなどもそういう流れの中にあるものなのかなと……。

そして資本主義による分断は、生産者と消費者、作る人と食べる人の間でも起きていますよね。僕が「森林破壊を本当に止めたいと思っていますか？」と聞かれたときにすぐ答えられなかったのはこの分断のせいだと思います。たとえば、普段チョコレートを食べるときに、その原材料の一つであるパームオイルの生産地で起きている森林破壊は見えないわけです。チョコレートを食べる僕とアブラヤシを栽培している人との間にはものすごい距離がありますし、僕と彼らの間には無数の人たちが介在していて、その農家のことを知ることはできません。「想像力を持って、問題意識を持って、自分ごととして行動を変えましょう」ってよく言われますし、僕もそう言うことがありますけど、やっぱり難しいですよね。見えないから。関係性が消えているから……。でも繋がったら違ってくるはず。僕が知っているマダガスカルの人たちのアグロフォレストリーがもしも開発されるとなったら、それは僕にとってもう全然他人事じゃありません。だから、生産者と消費者の関係性をつなぐことで、今の世界で起きている問題を良い方向に向かわせることができると信じています。

ちなみに、マダガスカルでも森林伐採は問題になっています。マダガスカルの森林は観光資源でもあるので、政府も問題視しています。ただ難しいのは、東南アジアとかでよく起きている熱帯雨林の伐採は、大企業が原材料の木材やパーム油を得るために行っていることも多く、企業に対して働きかければ止められる可能性があるんですけど、マダガスカルの場合は、個人が生活に必要な薪や木炭のために伐採しているんです。木を切らなかったら暮らしていけない。それを悪いことだとか、やめろとは言い難いですよね。一方で、木を伐採している個人の人たちの経済的困窮も、ある種、資本主義の影響を受けて起きていることだと思うので……難しいですね。

でも、こういう話をしていると堅いじゃないですか（笑）。コンサルタントをしていた時に、もう一つ感じていた違和感として、「こうするべきです」とか「こうしてはいけないです」とかshouldで語ることがものすごく多かったなぁって。それでは意識が高い少数の人しか動かない。やっぱり「こうしたい」っていうwantで訴えていかないといけないんだろうと思うんですよ。

だから、僕がこのバニラを売っていくときには、「このバニラは質が良い」ということや、「作り手が見えることって楽しいよね」ということを言っていく。最近は「ものよりコト消費」とも言われますが、「ものだけじゃないコトを楽しみながら食事をしましょう。

そうしたらもっと豊かな食事になるよね」っていうことを伝えていきたい。このバニラはこういう場所で作られているんだとか、こんな人が作っているんだとか、マダガスカルってこういう国なんだということを話しながら、ケーキを食べるとか……。そういうことができたらいいなと思います。本当にやりたいのはそういうこと、つまり、食材の背景にあるストーリーを楽しみながら食事をするような機会を増やしていくこと。そしてそうした「消費」の仕方が良いという価値観を日本で広めること。僕にとってバニラは、それを実現させるための手段なのかなと思っています。

発展のなかで失くしてきたものを味わえる楽しさ

マダガスカルにいると単純に楽しいんですよ。それは正直にいうと、為替の格差の関係で「お金持ち」になれるからという点も否定できません。日本ではなかなかできないようなことができたり、日本では味わえないような感覚でいられるのは、単純に気持ちがいい。楽しさの理由を考えたら、そういう部分も正直あると思います。

ただやっぱりそれだけではなくて、日本とは違う「自由さ」を感じることができること、これがマダガスカルの魅力だと感じています。

いまの日本社会は、個人一人一人はすごく自由になっていますよね。でも、社会として秩序を保っていくために、無数の法律や手続きが整備されていて、これにがんじがらめになっている部分もあるような気がします。昨今ではＩＴで追跡ができるとか、防犯カメラとか、監視体制を強めるような流れがある。普段意識することはほとんどないでしょうけど、でも実はいつも何か見られていたり追跡されていたりする社会になっています。そういう社会ってどうなの？　ちょっと窮屈すぎない？　って感じるんです。

一方のマダガスカルはどうやって秩序が保たれているかといったら人間関係と寛容さだと感じます。たとえば、村に行くとその村の掟みたいなものがあって、それが政府が定めている法律よりも上位にある。なので、変なことをしたら、村の掟で裁かれて、そこには大使館も手を出せない。日本で何か物事をしようと思ったら、いろんな手続きを踏まないといけなくて、「やりたいこと」の手前に「やらないといけないこと」がたくさんあるじゃないですか。それらのほとんどは「やりたいこと」を純粋に考えたときには余計だと感じることも多い。僕らは毎日、結構余計なことを考えながら生きているんじゃないかと思います。でもマダガスカルではそれがものすごく少ないと感じるんです。だから開放感のようなものを覚える。

もちろん両方良し悪しがあって、日本のようにきちんとした仕組みがあると、もし何かがあったときには、僕らはその仕組みに守ってもらえる。マダガスカルで何かあったら、コネクションしか守ってくれません。特に外国人なんて、裁判とかでは絶対に勝てませんし。自分一人では何もできない。コネクションに頼るしかない。ある意味ウェットな社会で、賄賂とかもすごく横行しています。だからそれぞれに良い側面と悪い側面はある。

ただ、経済的に発展していく過程の中で日本の社会から排除されてきたものが、マダガスカルには残っていて、そのなかには人間としてやっぱり大切なものもあったんじゃないかと気付かされるんですよね。僕らは何かを失くしていて、窮屈さを感じながら生きているところがある。僕らが捨ててきたものがまだ残っていて、それを体験できるのも、マダガスカルでの「楽しさ」の一つだと思います。

プリミティブなもののなかに滲み出る人間らしさ

制度だけじゃなくて、物質的な物に関してもいえます。

マダガスカルも中核的な都市はコンクリートの建物が多いんですけど、農村に行ったら驚きます。これは弥生時代かと（笑）。歴史の教科書で見た高床式の家屋や倉庫とかが並んでいます。電気もガスも水道も通っていないので、いわば〝ネイティブ〟な暮らしをしています。でも電気はソーラーパネルを使っている人たちも結構いたりしますし、携帯電話は持っている人が多いですね。

そういう、いわば「時が止まっている」感じの暮らしには単純に驚きました。でもその暮らしに「貧しい」という言葉を使えるかというと、違う気がしたんです。経済的には発展している首都のアンタナナリブのスラムのほうが、ごみ問題もひどかったりして、貧しさを感じるし、暮らしたいか暮らせるかと聞かれたら、僕はとてもＹＥＳとは答えられない。でも、いろいろなものが整っていない農村では、生活は不便なことが多いかもしれないけど、暮らせる感じがします。

彼らは車が壊れても木や縄で縛って直そうとします。部品がなければ、それも削って作ったりします。無いからなんとかするたくましさがある。それって日本でも昔はやっていたような生活だと思います。周りにあるものを一生懸命使って生活をする。そしてその時代は、意図せずともちゃんと自然と循環していた。最近「資源循環型社会」が目指されていたりしますけど、僕らは以前には達成していたものなんですよね。だからある意味持続可能な社会のヒントはそこにあるんじゃないかと思います。

そして、そんなふうに仕組みや制度やテクノロジーに守られていないからこそ、生きる力や、剥き出しの人間というか、プリミティブさを感じるんです。そこに本来の「人間らしさ」が滲み出るような気がしています。

ラダックの話やマダガスカルの暮らしに触れていると、「幸せってなんだろう」ってよく考えます。ラダックの人たちは、自分たちで食べ物を作って、自分たちの時間をしっかり持てていて、経済的には貧しいけれども自立していたんですよ。一方、日本、特に都市部の企業で働いているような人は、経済的には豊かかもしれないけれども、食べ物も誰かが作ってくれるものに依存しているし、自分たち自身の時間も限られていたりする。幸せって、自由なことではなく、自立できていることなのかもしれないと、今の僕は思っています。

今僕がバニラを買い付けている協同組合も、フランスや日本に販売することで成り立っているので、いわゆるグローバル経済のなかに組み込まれています。だから良くも悪くも当然その影響を受けているわけです。でもこの協同組合のように、森林を保全したり農家の収入を安定させることを目指すような面白いことをやっている人たちが増えて、彼らが誇りを持って生活を営めるような形が持続的に成り立てば、マダガスカルは内側からいいかたちで発展していくんじゃないかと思います。僕はそれを嬉しく傍観したい（笑）。むしろ僕は、そんなマダガスカルを見ながら日本のことを考えていく。日本を今よりちょっとだけ面白い場所にしようとしていくんだと思います。

武末克久（たけすえ・かつひさ）
1976年福岡県生まれ。バニラ商人。九州大学農学部卒。同修士課程修了。オックスフォードブルックス大学国際関係学修士課程修了。製薬会社の開発部門に就職するも911のテロから世の中の理不尽さを感じるようになり、妻のイギリス転勤をきっかけに退職。イギリスで国際政治経済学を学ぶ。帰国後は環境経営コンサルタントとして、企業活動に「環境」を組み込む仕事に専念。２０１７年に退職後、観光で訪れたマダガスカルのバニラ農園に一目惚れしてしまい、現在は、合同会社Co・En Corporationを設立し、バニラの輸入・販売を手がける。

関連映画紹介

『1日1ドルで生活』
56分／2013年／アメリカ

『グリーン・ライ　エコの嘘』
97分／2018年／オーストリア

1日1・90ドルという「国際貧困ライン」未満で生活することを余儀なくされている人は、世界で7億人強（2015年時点）いると推定されている。ではその人たちは、実際にどんな暮らしを送っていて、どんな問題を抱えているのか。アメリカ人の青年4人が、自分たちで実践した様子を追ったのが、ドキュメンタリー映画『1日1ドルで生活』（もしくは『1ドルで生き抜く』の邦題）だ。

中米グアテマラの貧困地域に行き、56日間を所持金56ドルで生き抜くことに挑戦。毎日均等に1ドルずつではなく、くじ引きでその日に使える金額を決めるという、より現実に近い設定で日々を過ごしていく。限られたお金のなかでどうやって食費や教育費

をやりくりするのか、もしも病気や災害などにあったら治療や復興はできるのか、貧困から抜け出すための道はどうしたら切り開けるのか……。村の人たちとも交流しながら「貧困とは？」を映し出す。

経済的理由で学校を続けることが難しくなるなど、夢を諦めなければいけない悲しみや辛さを映し出している一方で、そこに生きる人たちの助け合って生きていく姿勢や、国籍やバックグラウンドの違いを越えて優しさを届けてくれる懐の広さなども伝えてくれる。この章のテーマである「貧しさとは・豊かさとは」を考えさせられる一作だ。56分という短尺なので、ドキュメンタリー映画に慣れていないという人でも観やすいはず。

もう一つ、「買い物は投票」という本章でのテーマに関連するオススメ作品が『グリーン・ライ　エコの嘘』だ。「オーガニック」「生分解性（微生物の働きによって分解され、自然に還ること）」「エシカル」「サステナブル」など、環境や人に優しい商品をアピールする言葉は、良くも悪くも、近年とても多くの場所・物に見られるようになってきた。関連した認証マークも数え切れないほどたくさんある。でも、その言葉やマーク、本当にそのまま信頼して大丈夫？　という問いを投げかけるのが本作だ。環境に優しいと謳っている商品の原材料の生産地まで赴くと、そこでは大規模な森林破壊が起きている……。そんな「グリーン・ウォッシュ（環境に配慮しているように見せながら実態は異な

ること)」の実態を明らかにしていく。

正直この作品を観ていると、一体誰をあるいは何を信じたらいいのか分からなくなり、途方もない気持ちになる。しかし、「買い物を通じて社会への投票をしたい」と考えるなら、その「一票」を無駄にしないためにも、この映画の視点は心に留めておきたい。逆に、武末さんのように、そうした製品・商品・サービスを届ける側の人にも、自分が見落としている部分がないかを確認するうえで、きっと大事なヒントをくれるはずだ。

※世界銀行は2022年に国際貧困ラインを1日あたり2・15ドルに引き上げた。そのライン以下で生活している人は世界の人口の9%とされる(2022年時点)。

「映画配給と私」3

映画が映画館に届くまで［後編］

「映画が映画館に届くまで　前編」では、「①映画探しと権利の交渉」「②字幕の制作」「③上映劇場の調整」「④邦題の検討」について紹介した。④まではいわば内部で準備を進めるプロセスだったが、ここからは劇場公開に向けて、外へ届けるためのステップに入る。

⑤広報物の制作

チラシや予告編、公式サイトやパンフレットなど、映画を知ってもらうために必要な広報物の制作も配給会社が行う。デザインや映像編集自体はその道のプロに依頼するが、ストーリーの概要文やキャッチコピーなどチラシに記載する文言や、予告編で盛り込んでもらいたい要素、構成の方向性などは、ある程度配給会社から提案する。ちなみにチラシや予告編は、メイン館と言われる最初に公開する劇場にも意見をもらって調整する。

ここでまたよく言われるのが「日本版のチラシは本国のものと比べてダサい」だ。しかし「映画のチラシらしいチラシ」でないと、様々な場所に設置した時に映画のチラシだと気づいてもらえないという懸念もあり、配給会社側も映画館側も特殊なデザインに踏み切れないことが多いように思う。そもそも予算があまりない場合は、定番の型ではないデザインにするためのデザイン費や印刷代に、そこまでコストをかけられないことも、冒険的なデザインがなかなか見られない理由の一つかもしれない。

⑥試写会、イベント、来場者特典の企画・実施

公開劇場と公開日が決まり、チラシや予告など宣伝にまつわる制作物ができたら、そこからはひたすら、映画の存在を一人でも多くの人に知ってもらうことに注力する。

例えば、メディア関係者や映画に関連したインフルエンサーを集めた試写会を開催して、新聞やテレビ、雑誌やWEBサイト、SNSなどで映画を紹介してもらえるよう働きかけ、前評判を作る。予算や予定が適えば監督に日本へ来てもらえると、取材やイベントの件数が増えて話題を作りやすい。また関連イベントを企画して宣伝することもある。このあたりの具体的なエピソードは、次のコラムで紹介する。

さらに、自分たちでイベントを企画・主催するだけではなく、映画のテーマと相性がいいイベントが催されていれば、そこでチラシを配布してもらえないか打診したり、場合によってはイベント内で告知する時間をもらったりもする。

公開より前に一人でも多くの人に作品を認知してもらうため、できることを探し続け、種をとにかくたくさん蒔く。配給の仕事のなかでも一番重要なパートと言えるかもしれない。次のコラムで具体的なエピソードを交えて詳しく紹介する。

⑦ＳＮＳの運用

会社によっては外部に委託しているところが多いかもしれない。私はユナイテッドピープル時代やフリーになってから携わった作品はすべて、映画の公式ＳＮＳの運用も封切館での公開が落ち着くまでの一定期間担ってきた。

運用の仕方にも様々な形があると思うが、私は「観に行きたい」「観てきた」といった投稿を見つけたら、なるべくコメントを添えてリアクションする。そうした双方向のコミュニケーションを重ねると、「鑑賞者のひとり」から「一緒に作品を盛り上げてくれる仲間」になってくれる人も出てくる。メジャーな作品ではないからこそ、こうした一人一人の草の根の応援がパワーになる。

また、ＳＮＳで感想を日々チェックすると、いろいろな人の映画の観方に触れることができて面白い。時には批判的な声をもらうこともあるが、それもまた学びだ。

⑧劇場公開！　舞台挨拶の進行

いよいよ公開！　毎回、公開日を迎える時は胃が痛い。蓋を開けてみないことには、どれぐらいの人が観に来てくれるか、まったく予想がつかないからだ。無事に「満席」の文字を目にした時には、心の底から安堵する。

公開日からは、事前に企画しておいた舞台挨拶の進行を担う。当然ながら、舞台挨拶がある回のほうが、上映のみの回よりもお客さんの入りは良い。そのためフリーになってから配給を手伝ったインディペンデント系の映画二作品の公開時には、ほぼ毎日舞台挨拶を組んだ。その際なるべくゲストのバックグラウンドが多様になるように工夫していた。多様なゲストに来てもらうことで、より広範囲の人たちに映画の存在を知ってもらいやすくなるからだ。作品を気に入ってくれたお客さんが再度足を運ぶ楽しみも増す。

このあとも映画館との精算や市民上映会への貸し出し、販売用のＤＶＤの制作などがあるが、以上が大まかな配給会社の仕事の内容だ。私が携わった作品では、買い付けから劇場公開まで、短くても半年以上、多くの作品は９～10ヶ月ほどかけていた。一作品にかける時間も費用も膨大なため、買い付ける時の作品の見極めや覚悟が重要になる。

気取らない国、ウガンダ

大平和希子

Wakiko Ohira

インタビュー日：2021.5.16

本書で紹介する方々のなかで、大平さんは一番、私が一緒に過ごした時間やコミュニケーションをとってきた量が少ない。本書のためのインタビュー以前に会って話した機会は一度だけだ。それでも、この本で誰にインタビューするかを考えていた時、大平さんに話を聴きたい、という気持ちが自然と湧いてきた。

もともと、私が働いていたユナイテッドピープルで手伝ってくれるパートタイムの人を探していた時に、関心をもってくれた大平さんが代表宛に連絡をしてくれたことから、私たちは出会った。タイミング等が合わず、仕事でご一緒することはなかったものの、知り合うより前に、実は同じ上映イベントに参加していたことがSNSの投稿で分かり、ぐっと近さを感じた。それは２０１６年６月に立教大学で開催された、『女を修理する男』というドキュメンタリー映画の日本初の上映会だった。

同作は、アフリカ・コンゴ民主共和国（以下、コンゴ）で性暴力を受けた女性たちの身体的および精神的な治療にあたっている男性医師、デニ・ムクウェゲ氏を追ったドキュメンタリーだ。この性暴力は、いわゆる性的欲求を満たすために行われているものではない。コンゴ東部には豊富な鉱物資源が埋蔵されていて、武装勢力がその一帯を支配するために、その地で暮らす人たちのコミュニティを弱める手段として性暴力を行うのだ。たとえば、辱めることで地位を貶めたり、物理的に子供を産めない身体にすることで、人口減少を図ったりする。支配の手段として性暴力が横行しているのだ。ムクウェゲ医師は、これを「性的テロリズム」と呼ぶ。ただ、この惨劇が起きている根本的な原因には、私たちのパソコンや携帯に使われているレアメタル（貴重な鉱物資源）の争奪があることを、上映会では強く訴えていた。

ムクウェゲ医師は２０１８年にノーベル平和賞を受賞。以降は日本でも知名度が高まったものの、上映会当時はさほど知られていたわけではなく、また、立教大学の有志の方々による上映会だったため、大々的な告知もされていなかった。とても重い現実と向き合わなければならないことも、参加する前から予測できた。そうした様々なハードルがある上映会だったからこそ、お互い参加していたという事実だけで、私はとても親近感を覚えた。

しかも大平さんは「鑑賞者」で終わらなかった。当時博士課程で所属していた東京大学でもすぐに上映会を企画し、3ヶ月後に開催を実現。その後、立教大学（当時）の米川正子先生の尽力によってムクウェゲ医師の来日が決まった時には、アテンドも務めた。さらには、日本語字幕付きのDVDを制作するためのクラウドファンディングも行い、見事目標額を達成。大平さんのそうした突き進みつづける行動力は、SNSの投稿を画面越しに見ているだけでも、とても心に残った。

ただ、こうした活動は大平さんにとってすべて「プライベート」のものだ。「本業」は東京大学大学院博士課程の学生。研究対象も映画の舞台コンゴではなく、隣接するウガンダ共和国だ。長らく子ども兵の問題に関心があったことから、ウガンダと縁ができたという。

子ども兵といい、ムクウェゲ医師が向き合う性暴力といい、人間の負の面を感じるような重い問題に、あえて自ら飛び込んで行く大平さん。しかし、アフリカのことを悲壮感をもって語ったり、世界に対して怒りの言葉を発したりしない。むしろ「ひまわりの人」というイメージが私のなかにあるぐらい、いつも明るい笑顔とぬくもりが溢れる人だ。広い青空とカラフルなファッション、陽気な音楽があふれるアフリカの大地を歩いているのが、きっととても似合うだろうと思う。

そして、大平さんからは、いつも生き方の軽やかさも感じる。学術領域の枠にとらわれることなく、地元の富山でアフリカンフェスタを企画したり、出産後にはお子さんを連れてウガンダを訪問したり、ご家族に日本で待っていてもらって単身アメリカへ留学したり……。生き方の選択がとてもユニークでかっこいい。

そんな大平さんのことをもっと知りたい。心のどこかでそんな想いがあったことが、今回のインタビューに繋がったように思う。なぜつらさを伴うような問題を見つめ続けるのか。なぜ日本からは遠いアフリカのことを伝えたいと思うのか。なぜ学問という手段を選んだのか。ベーシックな質問を投げかけるなかで見えてきたのは、アフリカという地域にもとらわれない、未来の世代への「教育」のバトンだった。

ウガンダへ旅立つ前に

- 1884年から85年にかけて行われたベルリン会議で、アフリカの当事者が一切関与しないなか、欧州諸国により、アフリカ大陸分割の原則が決められた。不自然な植民地分割は現在アフリカで起きている様々な紛争の遠因とも言われる。
- この分割後、イギリスがウガンダの領有権を主張し、軍を派遣。当時ウガンダには王国や首長国をはじめとした複数の社会が存在していたが、イギリスによる支配が進み、１９００年のウガンダ協定をきっかけに現在のウガンダ全域がイギリスの保護領となった。

○１９６２年に独立した後も政治的・経済的に混沌とした状況が続いたが、１９８６年以降はヨウェリ・ムセヴェニが30年以上にわたって大統領を務めている。長期にわたって政権を握っていることから「独裁者」とも言われるが、ウガンダを一つの国にまとめあげてきた功績は評価もされている。

○一方、ウガンダ北部では反政府武装組織「神の抵抗軍（ＬＲＡ）」による北部紛争が20年にわたって続いた。ＬＲＡによって強制的に兵士にされた子どもも多く、その影響は２０００年代半ばに紛争が終わった後にも長引いている。

○ウガンダには外国からの復興・開発支援のための多額の援助金も入っているが、それが必ずしも現地の人々のために使われているわけではないという問題も生じている。

英語の教科書が自分と世界のつながりを教えてくれた

富山駅から車で15分ぐらいの、呉羽山という山の麓ののどかな田舎街で育ったので、海外って本当に遠い場所だったんです。だから小さい頃は社会問題とか世界の情勢とかまったく関心をもっていなくて、ただのんびりと日々を過ごしていました。

初めて世界の問題に関心をもつようになったきっかけは、高校時代の英語の教科書です。時事問題を英語で読むという教科書で、その一つに児童労働の問題について書かれていました。パキスタンでは私たちより幼い子どもたちが、すごく安い賃金でサッカーボールを作っていると。そしてそのサッカーボールを、もしかしたら私たちが使っているかもしれない、というようなことが書かれていたんですね。それまで世界にまったく関心を向けずに過ごしていた分、衝撃を受けました。日本と世界がつながっていること、会ったこともない海の向こうの人と、私が関係しているかもしれないことを、初めて想像したんです。

それが高校2年生のときで、ちょうど、何学部何学科を目指すかといった進路を決める時期でした。「なんで周りのみんなは、こんなつまらない5教科をやっただけで、大学で何を勉強したいか決められるんだろう?」って疑問に思いながら、志望書を白紙で出したりしていたんですけど（笑）。でも、児童労働の問題を知ってから、世界のことをもっと学べる学問があるなら、それがいいと思うようになって、調べてみたら「国際関係学」というものがあると。これがいいなと思ったんですけど、今から20年ぐらい前なので、日本で国際関係学はメジャーではなくて、「国際系といえば外国語大学」という感じでした。でも私は別に外国語を学びたいわけじゃない。それで留学という選択肢を考えました。留学して国際関係学を学びながら英語も習得できたら、将来何かしら国際的な仕事に就けるんじゃないかとも思っていました。

でも、富山の片田舎ですから、周りに大学から海外へ飛ぶような人もいなくて、高校の英語の先生に相談しても、大学院からにしたら？　って言われました。幸い、カナダのバンクーバーなら両親の知り合いがいて、両親に賛成してもらえたおかげで留学が叶いました。高校を卒業してすぐ、２００2年4月1日に単身、カナダのバンクーバーへ飛びました。不安はなかったです。それよりも、日本の外に出たい、外のことを知りたいという気持ちがとにかく大きかったので。

「守られるべき存在」の子どもが直面している現実の世界

でも行ってからは苦悶しました。大学3年生で専攻を決めるんですけど、私が通っていた大学の国際関係学のコースはすごく狭き門だったんです。何千人もの学生のうち、国際関係学に進めるのは年間60人ぐらいしかいない。その狭き門に受かるには大学1、2年生の成績が重要なんですけど、私は1年目、周りに全然ついていけなくて……。向こうの大学はとにかくディスカッション重視。でも私はしゃべれない。言いたいことがあっても、その英語訳を考えているうちにディスカッションはどんどん進んでいっちゃう。国際関係学を勉強している学生団体にも入ってみましたが、そこの先輩たちもみんな、すでにいろんな活動をしていたので、私なんて全然大したことないって、落ち込んでしまいました。そんなときに、大学1～2年生向けに国際関係学の導入の授業を担当していた大好きな先生が「あなたもすごく強い意志を持ってここにやってきたんだから必ずやれるよ！」って応援してくれて、そのおかげで頑張りつづけられました。

無事に3年生で国際関係学を専攻できることになって、そのなかのある授業で出会ったのが、子ども兵の問題です。当時、先生が、ウガンダ北部紛争の子ども兵に関する話を授業でしてくれたのですが、数年前の私と変わらないような年齢の子どもたちが武器を持って戦っているわけですよね。「将来平和な世界を作っていくのは子どもたちなのに、その子どもたちが銃を持って戦うのは間違っている」と、先生が力強く話していたのをよく覚えています。子どもは守られ、楽しく遊んでいるべき存在だと思っていましたが、児童労働の問題も、子ども兵の問題も、そうじゃない現実が世界に存在していることが、やっぱりショックでした。

その授業をきっかけに、中米・コロンビアのＦＡＲＣという反政府勢力の子ども兵について卒論を書くことを決めました。在学中にスペイン語を勉強するためにメキシコとスペインにも短期留学に行ったりしたので、最終的に5年かかって大学を卒業しました。ラッキーなことに、私が卒業するタイミングはちょうどバンクーバーオリンピックが開催される時で、カナダ政府としても国際的な人材をキープしたかったんでしょうね。通常だと「修了した学部に関連する職業でなければ労働許可証が下りない」という厳しいルールがカナダにはあったんですけど、例外的に、卒業後、自動的に3年間の労働許可証が付与されたんです！　カナダ国内のどこでどんな仕事をしてもよかったので、将来についてしばらく模索してみることにしました。そのなかで興味をもったNGOなどもあったのですが、いざ就職活動となると、カナダは日本と違って能力重視・経験重視。私は机上の勉強はしてきたけれども、実際に現場に行って目で見たこともなければ、何か活動をしたこともないってことを痛感して……。だから現地に行って自分で経験を得ようと、日本の青年海外協力隊に応募することにしました。

協力隊で希望の赴任地として選んだのがウガンダです。本当は子ども兵の問題を最初に知った中米コロンビアへ行きたかったのですが、当時まだ内戦中だったので協力隊の案件がなくて。ウガンダは、大学の先生が子ども兵の研究をしていた地域の一つだったことを思い出して、応募しました。とにかく、子ども兵を生み出してしまっている国に行って、その要因を知りたいという気持ちが強かったんです。

ちなみに協力隊に応募するためには住民票とかいろんな書類も提出する必要があるんですけど、当時私はカナダにいたので、全部母に頼まないといけない。でも母にはウガンダに行くことを猛反対されたので、協力隊応募に必要な書面だとは言わずにこっそり集めて、全部の手続きが完了してから事後報告しました（笑）。

郷に入れば郷に従え

幸い希望通りウガンダへの派遣が決まったのですが、ウガンダのことは「北部で紛争があって子ども兵が3万人も生み出された」ということ以外は、ほぼ何も知らない状態で行きました。特に私は11ヶ月間の短期派遣で、採用から出発までの期間もすごく短かったんです。だからあまり予備知識を得る暇もないまま、とにかく必要な予防接種などを済ませて、スケジュールに押されるように飛んだ記憶があります。

私が派遣されたのはウガンダの首都カンパラから車で1時間ほど離れたワキソ県カチリという村です。ウガンダのなかではごくごくありふれた穏やかな村だと思います。カチリのセカンダリースクールで、パソコンと体育を教えるのが私の役目だったんですけど、驚きましたね。始業式には３００人ぐらい生徒がいたのに、授業料を払えないなどの理由で、半学期中に生徒の数が徐々に減っていくんです。1年生は１２０人ぐらいでスタートして半数ぐらいになりましたし、学年が上がるにつれ生徒数はどんどん減っていくので、6年生はたった10人ぐらいしかいませんでした。日本の学校とはかなり違ってびっくりしました。

でもそれ以上に衝撃を受けたのは、カナダでの7年間で身につけた北米英語が子どもたちにほとんど通じないことでした。私は海外を訪れるときに「郷に入れば郷に従え」をモットーにしているので、必死に身につけた北米英語は一旦脇に置き、あらためてウガンダ英語を習得していきました。生活環境もこれまで住んだ国とは全然違いましたが、周りの人たちを見て、「なるほど、洗濯はバケツに水を入れて手洗いしているんだ」と分かったら、バケツを買いに行く……など、「必要な時に必要なものを買う」スタイルだったので、「無駄なもの」に囲まれないシンプルな暮らしでしたね。そもそもカチリでは、買いたくても買うものがないっていうのも大きかったですが（笑）。今でもあの頃のように物欲薄く、シンプルなライフスタイルでありたいなと思い返すことが多いです。

私は長屋のような教員宿舎に住んでいたのですが、あの場所に住めたのはすごくラッキーでした。平日の朝と昼は職員室で食べるんですけど、夜と週末はそれぞれが自宅で作って食べるんですね。でも、しょっちゅう誰かの家でごはんを食べさせてもらっていました。当時、4人家族を含む11人が暮らしていましたが、みんなウガンダの各地から来ていたので、それぞれの地方の料理にも触れられましたし、一つ屋根の下で寝食をともにすると、やっぱりぐっと距離が近くなりますよね。今でもウガンダに戻るたびに会うほど仲良しで特別な友人たちです。

でも、同じ長屋で暮らしていても、その人の家族の全貌はなかなか見えないんですよ。私が一番仲良くしていたアギーっていう女性は、長屋の一部屋で、1歳の赤ちゃんと4歳の男の子と暮らしていたんですけど、後から上にもう二人子どもがいると知りました。もう一人仲良しのジュリアスという男性も、知り合って10年後に、子どもがいたことを初めて知りました（笑）。もう一人の住人ニイロとジュリアスが兄弟だというのも半年ぐらい気づいていなかったです。二人は7人兄弟の長男と末っ子で、年齢が20歳近く離れているし、生みの母親も違うんです。ウガンダは一夫多妻制なので、珍しいことではありません。母親が自分の子どもの面倒を必ずみるという感覚も、もしかしたらそんなにないのかもしれません。職業があるところにみんなフットワーク軽く移動するので、全員を連れて行くのが難しければ、手のかかる二人だけを連れて、あとはおばあちゃんに面倒をみてもらう……というようなことも多いんだと思います。日本みたいに、同じ家族がみんな一緒に住んでいるほうが、ウガンダでは逆に新鮮かもしれません。

善意の押し付けは相手との壁になる

今の夫とも協力隊時代にウガンダで出会いました。夫もウガンダの協力隊員で、彼は2

年間の長期任期だったんですが、彼のウガンダ人との接し方から学ぶことは大きかったです。彼は現地で一番ウガンダが好きな日本人なんじゃないかと思うぐらい、とにかくウガンダのことが大好き。でも「ウガンダ人だから……」みたいな線引きは一切ありません。ウガンダ人とか日本人とかじゃなくて、目の前の一人一人と向き合っていて、とにかくオープンであり続ける。そういう彼の周りにウガンダ人がたくさん寄ってくるのも、見ていておもしろかったです。

一方で、協力隊員のなかには、国際協力に携わることをずっと目標にしてきて、学校でもその勉強をしっかりやってきたような人も少なくありません。その学んだことや、頭の中で描いてきた理想的な国際協力の形に囚われすぎると、現場に入った時に、目の前の人との双方向的なコミュニケーションではなく、押しつけるようなコミュニケーションになってしまうこともあるんですよね。「何かをしてあげる」とか「あなたのために」といった善意の押し付けや理想主義的な態度ではうまくいかないってことも、現場でたくさん学びました。

もう一つ、ウガンダで寄付や援助の弊害だなと思うことがあって……。白人をはじめ肌が白い人のことをムズングって言うんですけれど、ウガンダ人の間で「ムズング＝お金」というイメージがついているんです。肌が白い人を見たら、「お金をくれ」っていう意味の「ンパコセンテ」って当たり前のように言います。大人が言っているのを見て、子どもも真似しています。日本もウガンダにとって重要な政府開発援助（開発途上国に対する、政府による資金援助。通称ＯＤＡ）のドナー国の一つですから、「お金持ち」という印象を同じように持たれています。日本だからこその丁寧な外交・援助があったからこそ、日本人に対して好印象を持っているウガンダの人たちもたくさんいますが、援助を通して築かれてきた関係性は時として障壁にもなるような気がします。

半分笑い話ですけど、私がウガンダに帰ったとき、地方に住むウガンダ人の友人たちが首都のカンパラに集まってくれて、食事をしたことがあったんですね。ショッピングモールのフードコートで食べていたんですけど、フライドフィッシュとか普段食べないようなものをホイホイ頼んでいくんですよ。そんなに頼んで大丈夫かな、何か経済状況が変わったのかなと思ったら、お会計ってなったときに、「I don't have money.」っていうんです（笑）。あのときは驚きましたね。何それ、私が全部払うの？　って。

学校のマガジンを作った時に、最終的にいくら足りなかったから貸してくれって言われて、怒ったこともあります。最初からちゃんと計画を立ててやらないとって。そのときはみんなシュンとして反省したように見えたんですけど、日本に帰国した翌年も電話がかかってきて、「今年もマガジンを作るんだけど、いくら足りないから送金できるか」って。何も変わってなかったですね。

だから時々、本当にここに友人関係が成り立っているのか、不安になることもあります。

あまりにも経済状況が違うので……。でも、貸したお金は必ず返ってきました。学校の車が壊れて修理代が必要だけど、今はないから貸してくれ、必ず1ヶ月後に返すからって言われて、1万円ぐらい貸したことがあったんですけど、本当に返してくれたんです。あのときは、信頼関係はちゃんとあるんだなって思えて、うれしかったです。

世界に関心をもつ人を増やすための教育がしたい

ウガンダを赴任地として選んだ一番の目的は「子ども兵の問題に実際に触れる」ことでしたが、実際ウガンダに行ってみたら、子ども兵の問題がある北部はまだ危ないレッドゾーンで、立ち入り禁止だったんです。私は協力隊という身分で行っていたので、さすがにそこは破れない。カチリはウガンダの中心部なので、周囲のウガンダ人たちにとっても、北部紛争って遠い世界の出来事で「北部は大変そうよね」っていう感じだったんですよね。民族も違いますし。北部で元子ども兵の社会復帰支援活動をしている日本のNGOの人がカチリ近隣に来たときに話を聞かせてもらったりはしましたが、結局、北部のことは何も分からないまま派遣期間の11ヶ月が終わってしまって、すごく心残りでした。

だから協力隊が終わって2ヶ月後ぐらいにすぐウガンダへ戻ったんです。個人だったら北部にも行けたので、NGOの伝手を辿って、ウガンダ北部と、ルワンダの方にも少しだけ回りました。全部で1ヶ月ぐらい。ウガンダ北部では子ども兵の社会復帰支援を行っているNGOを訪問して、元子ども兵の方にお会いすることができました。大学の頃からずっと子ども兵の問題を考え続けてきて、ある意味「念願叶って」だったのですが、その方のお話を聞いた時に、「やっぱり私は子ども兵の問題に取り組むべきなんだ！」というように子ども兵の問題に対して想いが熱くなるのではなく、「子ども兵の問題は、世界の中にたくさんある問題の一つなんだ」と、俯瞰して世界を見るような感覚のほうが湧いてきたんです。その後にルワンダの大量虐殺跡地も巡るなかで、子ども兵に限らず、「今困っている人を助けるのではなくて、困る人を生み出さない社会づくりがしたい」と思うようになったんですよね。

ルワンダは、『ホテル・ルワンダ』をはじめ映画などにもなっていますが、１９９４年にたった１００日間でおよそ80万人が殺された大量虐殺が起きた国です。その虐殺の跡地を一人で回りました。首都からバスで3時間ほどの場所にあるメモリアル（記念館・展示館）には遺体がミイラで保存されていたのですが、そのなかの子どもと思われるミイラと目があったような気がしたんです。この子が亡くなったとき、私は何をしていたかなって考えてみたら、１９９４年なので、私は当時９歳。世界のことなんて何も考えてなかった。自分のように何も考えない人が増えていくだけではだめだ、世界のことに関心をもって、自分で知ろうとして、考えて行動する人を、日本で一人でも増やしたい。

その手段として、「日本で教育活動をしたい！」という強い意志が湧いてきました。なぜそこで教育だったかといったら、たぶんカナダでの経験が大きいと思います。カナダの大学で歴史の授業を受けたときにびっくりしたんですよ。日本では歴史の勉強といったら、基本的に暗記するものじゃないですか。でもカナダでは、なぜこういうことが起きたのか、歴史的背景を探って考えましょうっていう授業だった。一つの出来事と他の出来事の結びつきとか、俯瞰する視点をカナダの教育はとても大事にしていて、日本の教育との大きなギャップを感じたんです。

それに、いわゆる途上国の人たちが直面している様々な問題は、この世界の不均衡な構造に根源があるということも、ずっと感じてきましたから、先進国で暮らす私たち一人一人が変わらないと、根本的な問題の解決にはならないと思ったんです。目の前の困っている人を助けるだけでなくて、そもそも困る人を生み出さないために、先進国である日本で人を育てたい……。

「世界と日本」「世界と自分」をつなぐような教育を日本でやろう！　という想いでいっぱいになったので、ウガンダからの帰りの飛行機で日記に「この先しばらくはウガンダの大地を踏むことはないだろう」って書いたぐらい（笑）、ウガンダに自分が再び戻ることになるとは、想像だにしていなかったですね。

日本に帰ってからは、二つのNGOでしばらくインターンをさせてもらいました。一つは「知り・考え・行動する」というコンセプトで開発教育の教材づくりやワークショップなどを行っているNGOで、私がまさに理想とする教育の形だと思ったんです。もう一つは国際協力系のNGOで、調査研究と政策提言を行う部門でした。こちらは長期的スパンで積み上げていく国際協力のあり方を見てみたいという思いがありました。

その二つで働き始めて半年くらいした頃に、前者の開発教育系のNGOに、ある大学から、「大学での座学の授業と、海外のフィールドでの活動と両輪で学ぶ通年授業をサポートできる人材がいないか」という相談があったんです。フィリピン・インド・バングラデシュの3カ国へ学生を引率できる人材が求められていて、海外歴が長かった私に声をかけてもらえました。こういうのがまさにやりたかった！　と思うプログラムだったので、二つ返事で応募しましたね。

丸3年の任期付きの仕事でしたが、計8回、総勢150名ぐらいの生徒を海外に連れて行く機会を得られました。しかも、その授業の中心だった先生が、私がかつてウガンダの協力隊員だったことを知ってくださっていて、「ぜひ新たにウガンダでもやろう！」と仰ってくださったんです。それで、「しばらく行かない」と思っていたウガンダに、

２０１４年２月、14名の学生を連れて、戻りました。

この「国際協力フィールドワーク」という授業は、いわゆる開発途上国の現状や抱える課題について、現地で様々な人に出会いながら、五感を使って感じ、気づき、考えることを目的にしています。ウガンダ滞在中は、現地の大学で講義を受けたあと、スラムを訪問したり、コーヒーの有機栽培の現場を見学したりして、感じたことや考えたことをシェアリングしたり振り返りシートに書くという、インプット・フィールドワーク・アウトプットのサイクルを重ねました。

特に学生たちからのリアクションが大きかったのが、元子ども兵の社会復帰支援活動を行なっているＮＧＯを訪問した時間です。訓練施設の卒業生が「自分は元子ども兵だった過去があって、人とうまく接せられない。どうしたらいいと思う?」と学生にアドバイスを求めてくれて、通訳を介しながらも対話が成立したときに、二人の間に照れるような笑顔が生まれたのをよく覚えています。その学生は後で「こういう些細なやりとりも一つの国際協力の形なのかなと感じた」と報告書に書いてくれました。

また、学生たちはウガンダの人たちとのコミュニケーションを通じて、「課題のなかにいる一人一人」と向き合うことの大切さにも気づいてくれました。自分たちが「見学にやってきた日本人」ではなく、「名前をもった一人一人」として接してもらえるのがうれしいから、自分たちもまた「貧しい農家」や「元子ども兵」として見るのではなく、「一人の人」として向き合う必要があると感じてくれたようです。

さらには帰国後、ウガンダでの経験を経て、日本国内にいる「社会のなかで弱められた人たち」にも目を向けるようになり、在日韓国人・朝鮮人が多く暮らす地区でのアルバイトを始めた学生や、東京都内の野宿者支援や東日本大震災被災地支援活動に参加するようになった学生もいました。世界の問題を他人事にせずに関心をもつ、ということに加えて、世界での学びを身近なところにも活かしてくれているのが、うれしかったですね。

学術研究も役立つことを感じられた一言

ウガンダでのフィールドワークをはじめとした大学教員としての3年間の経験は、世界のあり方を変えるための手段として「開発教育」を選んだことが間違っていなかったと思わせてくれました。やっぱり私は教育がやりたい、とも強く思いました。でも、教育機関で働くには学部卒では学位が足りない。だから、博士号まで取って、それから大学教育の実践の場に戻ろうと決めて、まずは修士課程へ進学することにしました。

そうすると今度は、自分が何を研究したいのかを考えないといけません。最初は教育を研究対象にしようかとも考えたんですけど、自分が関心を持ち続けてきたのは子ども兵でしたし、ウガンダに行った直後だったこともあって、アフリカの研究者のもとにつきたいと思ったんです。それでアフリカ研究者として著名な先生がいらっしゃる東京外国語大学で2年の修士課程を修めました。今は東京大学の博士課程5年目になりましたが、研究ってこんなに大変なのかと痛感しています。教育者になるための手段としての博士課程……なんて考えていましたが、修士と博士のギャップの深さに、本当に自分は甘かったなと思っています（苦笑）。でも、研究をはじめたからこそ、学べていることや出会えた人も多いです。

修士論文の研究テーマは最終的に、ウガンダのブニョロという地域の歴史にしました。小型武器の違法な流通が子ども兵を生み出している一つの要因だとも言われていたので、以前、小型武器の規制に取り組んでいるウガンダの団体を訪問したことがあって、そのとき団体の人が「ブニョロは２００６年に国が石油の商業開発に乗り出して以降、情勢が不安定化している。その不安定なところに小型武器が違法に流れ込んだら、ブニョロも北部と同じような紛争状況になりかねない」と話していたんです。それがずっと心に引っかかっていて、もっと知りたいと思って、研究対象に選びました。

ブニョロは植民地時代の影響を大きく受けている場所でもあります。かつてブニョロを統治していたカバレガという王様が、イギリスの侵攻に対して徹底的に武力で抵抗したんです。そのためにイギリスは植民地時代、ブニョロを意図的に弱体化しました。当時ブニョロ王国とライバル関係にあったブガンダ王国に、ブニョロの土地の一部を許可も得ずに与えてしまったんですね。植民地期を通して、ブガンダが圧倒的に優勢になって、ブニョロの人口は激減しました。そうやって周縁化されて、国政の中で重要視されていなかったブニョロで、石油が見つかったわけです。修士論文では、植民地時代にブニョロが徹底的に弱体化させられた歴史と、現在の不安定化の関係性について書いて、「ブニョロ王国にとって石油が失われた尊厳を取り戻す手段になっている」ことを主張しましたが、今まさにそういう感じになっていっていると思います。

ちなみに数年前、セカンダリースクールの歴史のカリキュラムからブニョロの歴史を抜くという話が出て、問題になったことがあります。ブニョロ王国が猛反対したので、結局抜かれることはなかったんですけれども。もしもそこで抜かれてしまったら、植民地時代にいかにブガンダが優遇されて、ブニョロが徹底的に弱体化されたかという歴史も見えなくなってしまいますよね。でも今ウガンダで教えられている歴史も、すでに似たようなフィルターはかけられているのかもしれません。

私の研究はブニョロ王国のなかの人たちへのインタビュー調査、聞き取り調査をベースにしています。王国と国家の関係性についてや、市民の政府に対する考え方と王国に対する考え方の変化などを聞いています。「王国の歴史を知りたいんだ」と伝えると、基本的に王国の人たちは好意的です。修士論文は英語で書いたので、王国の人たちにも渡しましたが、王国首相も全部読んでくれて、「こんなに自分たちの歴史を勉強してくれてありがとう。自分の仕事をするうえでもすごく役に立つ」と言われたときにはすごくびっくりしました。その一言を聞いて、初めて、研究していてよかったと思いました。

王国や首長などの「伝統的権威」と呼ばれるような人たちは、アフリカにたくさんいます。ブニョロ王国のように植民地支配以前から存在していた伝統的権威もいれば、イギリスによる間接統治の手段として、植民地時代につくりあげられた伝統的権威もいたり、その形態は様々ですが、それらの伝統的権威が、近代化や国家統一を妨げるものとして１９６０年代から70年代にかけての独立期に一旦消滅させられたんです。でも90年代に再び復活して「伝統的権威の再起」と呼ばれる現象がアフリカ各国で起こりました。この再起には、当時の政権の意図が大きく絡んでいたと言われています。伝統的権威は国の統治のあり方と深いところで結びついているという点は、これまでの研究蓄積から明らかになっています。

目下は博士課程を修了することが目標ですが、その後アカデミックポストでの職が見つかるかは不安です。7年ほど研究を続けていると、自分の能力の限界みたいなものも感じますし、研究の道に自分よりずっと向いている人たちとも出会いますから。ただ、自分で始めたことなので、続けられるかどうかを不安に思うことはありません。今はまだ自分で結びつけ切れていないですが、今やっている研究が、学術的な貢献だけでなくて、将来、研究から教育へ入っていくなかで、何かまた新しい意味を持ち始めたらいいなと願っています。

地元・富山でアフリカを伝える

5年前、里帰り出産を機に、15年ぶりに富山に帰ってきました。当初は出産から1〜2ヶ月して落ち着いたら東京に戻ろうかなと考えていたんですけど、いざ住んでみたら居心地がよくて、何より食材が豊かでおいしいし、よい出会いにも恵まれました。夫は床屋さんで、幸いどこでも仕事ができるから、里帰り出産の時から一緒についてきてもらって、近所のお店で働いてくれていたんですけど、それで気付いてしまったんですよね、東京にいなくても暮らせるって。夫はついに最近、富山で店を出しました。もともとフットワークが軽い人ではありましたが、もしかしたらウガンダでより拍車がかかったのかもしれません（笑）。

そんなノリと勢いで富山に帰ってきましたが、こちらの学校などで講演を依頼されることも増えて、富山でウガンダをはじめとしたアフリカのことを伝えられることに、私がここにいる意味を感じています。２０１８年には、映画『女を修理する男』の富山上映会を開催しましたし、3年前から「富山ゆかりの人からつながるアフリカ」をコンセプトとした富山初となるアフリカンフェスタの企画を始めました。コロナ禍で延期が続いてはいますが、先日、大幅に規模を縮小してプチ・アフリカンフェスタとして開催。想像以上に多くの方に来場いただいて、富山の人たちに少しはアフリカを身近に感じてもらえたかと思うと感無量でした。

ウガンダやアフリカのことを伝えるときに大事にしているのが、「答えは言わない」ということです。簡単に知ったような気になったり、わかったような気になるのが一番危険なことだと思っているので、聞かれたことにはもちろん答えますが、モヤモヤを感じながら帰ってもらえるようにしたいとは意識しています。

セルフエスティームと気取らなさを持って

ウガンダに限らず、知らない世界を知ることはとにかく楽しいです。海外を見ることで日本のいろんなことに気づくように、外を見ることで、自分を知ることも多い気がします。自分はどういう時代のなかにいるのか、自分の立ち位置を知ることができる……。同時に、世界はすごく広いってことも感じられると思います。自分がいるこの場所がすべてじゃないんだとわかると、たとえ今いる世界で生きにくさを感じても、究極の選択をせずに済むと思うんです。「ここが苦しいなら、ウガンダに行ってみたらいいよ」って言いたいですね（笑）。

とはいえ、私は「ウガンダが大好き」っていうわけではないんですよね。ご縁がつながってここまで来たなというのが正直な感覚です。ウガンダという「国」というよりは、そこにいる友人たちと繋がっているという感覚がしっくりくるかな。でも、日本で何かアフリカのことを喋れと言われればそれはウガンダのことですし、ウガンダへの愛着みたいなものはあります。そして、彼らから学ぶことも多いです。

ウガンダの人たちの最大の魅力は、セルフエスティーム、自己肯定感が高いことだと思います。自分のことが大好きで、セルフィーも大好きです。みんな基本的に稼いだ日銭でその日暮らしをしていて貯蓄もしませんが、なんだか楽しそうだし、とにかくみんな身軽です。「お金はないけど心の豊かさはある」みたいなことをよく聞きますけど、その表現はいまいちしっくりきません。もっと、そこにそのままその人がどっしりと存在している、みたいな感じです。

それに付随して、細かいことは気にしない、いい意味での雑さや気取らなさもウガンダにはあります。宗教もとても寛容で、カソリックの学校にムスリムの子も通っていたりします。２０１８年に、生後10ヶ月の息子を連れてウガンダに訪れた時も、ウガンダのお母さんたちは胸をケープなどで隠すことなくどこでもいつでも授乳していましたし、オムツ替えも、レストランの食事をしている人たちの間でもやらせてくれたりして、驚きました。そういう細かいことにこだわらない雰囲気に、心配や緊張がふっと解かれたり、日本の

「当たり前」とは違う世界にハッとさせられることも多いです。
これからも折に触れてウガンダの友人たちに会いに行って、そういう彼らの素敵だなと思うところを、自分のなかに育んでいきたいです。そして、自分がウガンダの人たちから学んだたくさんのことを、自分の子どもたちに、また、博士号を取得して将来教育に携われた暁には若い学生たちにも、伝えて行けたらいいなと思います。

大平和希子（おおひら・わきこ）
１９８３年富山生まれ。アフリカ研究者。青年海外協力隊、教育機関勤務を経て進学。２０２３年に東京大学大学院より博士号（国際貢献）授与。２０２４年より上智大学特任助教。２０１６年より地元富山で暮らし「富山ゆかりの人からつながるアフリカ」をコンセプトに、遠いアフリカを身近に感じてもらえるような企画や講演会等を実施。主な論文に「慣習的な土地権利安定化に向けて伝統的権威が果たす役割―ウガンダ西部ブニョロの事例から―」（２０２０）『アフリカレポート』No.58、pp.1-13、「海外サービスラーニングの持続的な学習効果―国際協力フィールドワーク（アフリカ）の実践から―」（２０２２）『サービスラーニングの実践と研究』第２号、pp.28-40。エッセイに「ウガンダに学ぶ」（２０２１）『フィールドで出会う風と人と土』第６巻、pp.153-157など。

関連映画紹介

『女を修理する男』
112分／2015年／ベルギー

『ポバティー・インク～あなたの寄付の不都合な真実～』
91分／2014年／アメリカ

私と大平さんの縁が深まるきっかけになった、コンゴのムクウェゲ医師を追ったドキュメンタリー映画『女を修理する男』。これは大平さんの『『世界と日本』『世界と自分』をつなぐような視点を育む教育を』という想いにリンクする作品だ。

コンゴには、パソコンや携帯、車などに使われるレアメタル（希少鉱物）が多く存在している。その利権を求める勢力・組織が民兵を雇い、惨殺と性暴力により地域から住民たちを追い出している。「戦争の兵器」として行われる性暴力のため、その在り方は残忍極まりない。性器が壊されてしまった女性や、周囲の臓器まで傷つけられて失った女性も少なくない。また、幼い少女までその暴力に晒されている。治療の甲斐なく亡くなってしまう場合も多く、一命を取り留めても家族から忌み嫌われて追い出され、居場所も自尊心も失ってしまう。そんな女性たちにムクウェゲ医師は「君たちは何も失っていない。失ったと思っている純潔さは、君たちの魂にあるはずだ」と呼びかけ続け、身体だけでなく心の治療も行っていく。

決して見捨てず応援し続けるムクウェゲ医師のもとで、笑顔を取り戻し、自分自身の人生を再び歩み始める女性たちの姿は眩しい。しかし、暴力の根源を解決しないかぎり被害に遭う女性は絶えない。それはレアメタルを使う私たちの側に解決の責任があるはずだ。私たちがもはや無しでは生きられないほどのパソコンや携帯。そうしたものと繋がっている世界からの「命懸けの声」に耳を傾けてみてほしい。

また、この作品を観ていると、残虐な行動を起こすのも人間であれば、そうした残酷な面に絶望せずに愛情や優しさを信じ続ける力を持つのも人間であることを強く感じる。あらゆる人の心にその両面があるからこそ、私たちはどうすれば前者を抑え、後者を伸ばしていけるのだろうと考えさせられる。

なおムクウェゲ医師を取り上げた作品は他にもある。彼と一緒に活動する女性たちにも広くカメラを向けた『シティ・オブ・ジョイ～世界を変える真実の声～』や、日本人女性プロデューサーが監督した『ムクウェゲ「女性にとって世界最悪の場所」で闘う医師』だ。それぞれ少しずつ切り口が異なるため、複数作品観てもらうと、コンゴやムクウェゲ医師、女性たちのことがより立体的に見えるはずだ。

もう一つ、本章で紹介したい作品が『ポバティー・インク ～あなたの寄付の不都合な真実～』だ。経済的に貧しい、いわゆる後進国に対して、あるいは大きな自然災害に見舞われた国に対して、世界的な援助が行われているのは周知のことだろう。そうした援助活動に寄付をした経験がある人も少なくないと思う。困っている人を助けたいという気持ちは善意から生まれるものだが、助け方を間違えると相手を逆に傷つけることになる、という事実を本作は様々な実例とともに伝える。たとえば、世界から大量の古着がケニアに流れ込んだことで、現地にもともとあった繊維産業が大打撃を受けた例や、孤児院が作られたことで、よりよい食住環境がある孤児院に、親が自分の子どもを送り込むようになってしまった例など……。

「地獄への道は善意で敷き詰められている」というヨーロッパの諺もあるが、思いやりも届け方を誤ると、本意ではない結果になってしまうかもしれない。相手の力を信じ、対等な関係で支援を行うことの大切さと、その支援のあり方のヒントを教えてくれる作品だ。

2014年製作のため、支援の現場の実情はいろいろ変わっていると思うが、描かれている視点やメッセージは、普遍的なものだ。特に、世界の問題を解決するためのアクションを起こしたいと思っている人にはぜひ観てみてほしい。

「映画配給と私」4

作品の本質を大切に、どう広げ深めるか

映画配給は、端的に言えば「誰かが作りあげた作品を届ける」仕事で、作品そのものの中身に関わるわけではない（※制作から配給や宣伝まですべてを担う会社もある）。だからいわゆるクリエイターや作家、アーティストとは異なる。でも、そんな私たちにもクリエイティブな発想やオリジナリティが求められる部分がある。特に醍醐味を感じるのがイベントの企画だ。

劇場公開前の試写会や劇場公開に合わせたイベント、ＳＮＳでの認知度を高めるためのキャンペーンや来場者特典、飲食店等とのタイアップなど、公開に向けた様々な企画は配給会社が考え、行う。「予告編のリツイートでプレゼント」や「鑑賞券持参でワンドリンク無料」などといった情報を見かけたことや、参加したり使ったりしたことがあるのではないだろうか。そうした定番のＰＲ方法はあるものの、もともと知名度が高いわけではないインディペンデント系の作品だと、それだけではあまり効果を望めない。だからこそ、各作品に合わせた工夫が必要になる。ここでは三つの具体例を挙げる。

ヨーロッパにおけるフードロスの問題を描いたドキュメンタリー映画『0円キッチン』を配給した時には、オーストリア在住の監督が来日したこともあり、たくさんの多様な関連イベントを開催した。中でも思い出深いのは「昆虫でクリスマスランチを作る」イベントだ。

映画のなかで「食べることができるのに食べられていない、もったいないロス」として取り上げられているものの一つが昆虫食なのだ。そこで、昆虫食を提供している東京の飲食店「米とサーカス」と、昆虫料理研究会の内山昭一先生に協力してもらい、昆虫料理体験&実食のイベントを開催した。週末のクリスマスイブであったものの、30名ほどの定員は事前予約で定員に達し、当日はメディアの取材も3~4社あった。

昆虫食は映画『0円キッチン』のワンシーンで取り上げられているだけだが、「フードロスに関心がある人に、昆虫食にも関心を持ってもらう」のであれば、「昆虫食に関心がある人に、フードロスの問題へも関心を持ってもらう」という逆の矢印も成立するのではないかと考えた。たとえ鑑賞者のターゲット層の中心ではなかったとしても、作品とリンクする部分がある潜在的な層にも可能なかぎりリーチしていくことが、作品の認知度を高めるうえで大切だと思い、実施した企画だ。

宣伝を手伝った映画『ブレッドウィナー』は、女性に対する様々な制約があったタリバン政権下のアフガニスタンで、髪を切り少年のふりをすることで生きのびた少女の物語だ。主人公のさまざまな挑戦に心を掴まれるアニメーション作品だが、アフガニスタンがどういう国で、当時どんな状況だったのかといった、歴史的・社会的背景についてはほとんど描かれていない。

しかし大人がこの映画を観たら、きっと気になるのはそうした「作品が作られた背景にある現実」だろうと思った。

そこで、アフガニスタンの支援活動をしている複数の団体の方にインタビューした内容や、同志社大学の内藤正典教授に解説してもらった歴史的背景などを、記事にまとめてブログに掲載した。すると映画公開前から、もともとアフガニスタンのことに関心がある人たちの目に留まり、映画を知ってもらうことができた。また予測していたとおり、映画鑑賞後に歴史背景に関心をもつお客さんが多く、記事とともに映画の感想をSNSでシェアしてくれたりもした。

どんな映画でも、すべてを取り上げることはできない。「伝えられたら一層作品への理解が深まるであろうもの」を補足的に用意しておくと、「かゆい所に手が届く」ようにお客さんに喜んでもらえて、映画を観た満足度も向上する。

それに、私たちがこうした社会的メッセージが詰まった映画を世の中に届けるのは、映画が生まれた背景にある現実世界に関心を向けてほしいからこそだ。映画を鑑賞することに加えて、何かもう一歩アクションを起こしてもらえるようなものを用意しておくことは、その根本的な目的にも通じる。

最後に紹介したいのは『MIKOSHI GUY 祭の男』の配給宣伝を手伝った時のことだ。今、日本各地の祭は高齢化や過疎化によって担い手が減ってしまい、存続の危機にあるものも少なくない。この作品はそうした祭を再興するため、仲間たちと全国を飛び回って参加し、ともに祭を盛り上げ支えている神輿職人の宮田宣也さんを追ったドキュメンタリーだ。東京の映画館での公開は1週間限定だったため、映画館の担当者に相談し、毎日イベントをさせてもらうことにした。そして、そのすべての回で大事にしたのが「お客さん参加型」の時間だ。

この映画を届けることの目的の一つは、祭の一体感や高揚感を感じてもらい、祭に参加したいと思う人が増えること。ならば「百聞は一見にしかず」ならぬ「百見は一動にしかず」。映画を観た後、劇場で一瞬でも祭の感覚をリアルに味わってもらうことができたら、その目的に一層近づくはずだと考えた。

そのことをイノマタトシ監督や宮田さんにも伝えて一緒に考えてもらった結果、公開初日は、宮田さん特製の神輿を担ぐ練習をする器具を劇場内に搬入し、トークゲストやお客さんに擬似神輿を担いでもらった。別の日には盆踊りの先生に来てもらい、お客さんたちにも立ち上がって盆踊りを一緒に踊ってもらう時間を設けた。また別の日には、主題歌を歌っているシンガーソングライターの方に来てもらい、お客さんに合いの手に入ってもらいながらミニ生ライブも開催した。

『MIKOSHI GUY 祭の男』は祭の高揚感が画面越しに伝わってきて、実際に祭に参加したくなる作品だからこそ、その気持ちをすぐに叶えられるような場を用意しておくと、より長くその想いや記憶が心に残りやすくなるはずだ。またそこで一歩踏み出した経験があると、その後に自ら行動を起こすハードルも下がるかもしれない。映画と体験を通じて、弾けるような笑顔で元気いっぱいになったお客さんの姿は、私の心にも宝物の記憶として残っている。

こんなふうに、配給会社の人間は、映画作品の中身には携われないが、完成した作品を届ける過程で工夫できることは限りなくある。そのアイディアを考えることは、映画の多面的な魅力を引き出していくことであり、作品の本質をブレずに見極めることであり、さらには、映画を観てもらった後の一歩先の未来にまで手を伸ばすことでもある。そしてその工夫を大事に考えれば考えるほど、届け手である私たち自身も作品を一層愛おしく思えるようになるのだ。

「動物の楽園」に暮らす、北極民族

遠藤励
Tsutomu Endo

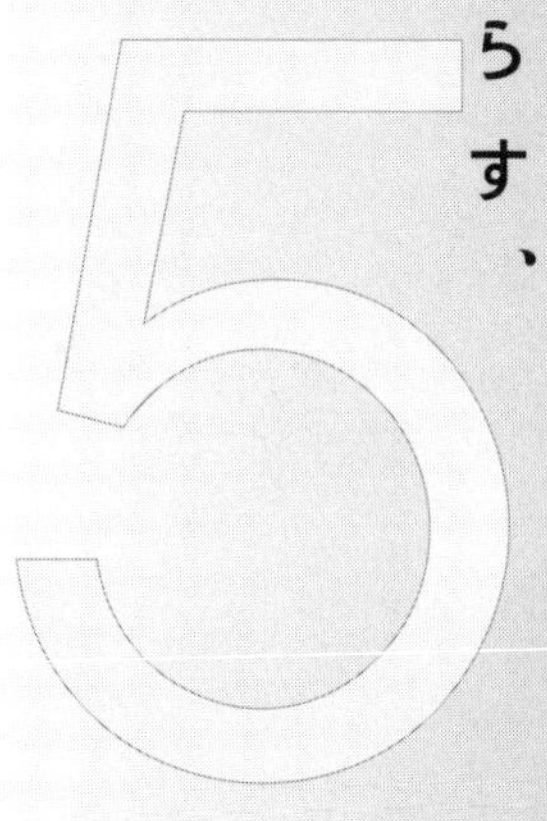

インタビュー日：2021.7.13

私は物心ついた頃から高校卒業まで、長野県で育った。ただ、県内での転居が多かったことや、両親の離婚で長野に「帰る場所」がなくなったことによって、長野を「ふるさと」と呼ぶことに長いこと抵抗があった。そんな私のわだかまりを溶かしてくれたのが長野県出身の写真家・遠藤励さんだ。

私は２０１８～19年にかけて、ある環境団体の依頼のもと、日本における気候変動の影響を伝えるためのショートドキュメンタリーの制作を手伝っていた。全国5地域で、自然と近い暮らしを送っている人たちに、肌で感じる環境や気候の変化、それによる影響などを取材して回った。その一人が遠藤さんだった。遠藤さんは長野県大町市に生まれ育ち、ずっと大町に暮らしつづけている。小さい頃から雪とともに育った遠藤さんは、雪そのものの姿や、雪を愛するスノーボーダーたち、そして雪とともに暮らす民族の撮影をしている。

ロケハンで初めて大町に伺った時、遠藤さんはご自宅の裏山にある遊び場や、自然が織りなす壮大な風景をたくさん見せてくれた。そこには私にとって懐かしさを覚えるものがたくさん詰まっていた。小さい頃に舟をよく作って遊んでいた笹の葉。足の裏に伝わってくる落ち葉のやわらかさと、土に還ろうとしている葉っぱたちの湿った香り。軒下のツララから一滴一滴きらめきながら落ちていく雫。霜柱を踏む時のちいさくて大きなワクワク感……。ふるさとの大地と、その土地に息吹を与えている雪への深い愛情をまっすぐに話してくれる遠藤さんと、懐かしさに満ちた長野の地を巡っていると、とても素直に「私も長野が好きなんだ」という気持ちが込み上げてきた。いつのまにか心の奥に封じ込めてしまっていた想いに、初めて自分で気付けた時間だった。

そして、そんな「好き」に気づけた後だからこそ、遠藤さんが話す雪の変化に、私も一層胸が痛んだ。もちろん、自然の営みは毎年変化する。それでも確かに、一昔前と比べて一年のなかで雪が降る期間が短くなったり、さらさらのパウダースノーより、べちゃっとした溶けやすい雪が降ることが増えたり、幼少期には凍って穴釣りもできた近隣の湖が、まったく凍らなくなったりしているという。そうした雪の変化は日本だけでなく世界でも同様に起きていて、スノーボーダーの命を奪う雪崩のリスクが高まっていたり、氷河があるなかで暮らしを育んできた雪の民族にとって、狩りの期間が短くなってしまったりしているという。

一方、私が初めて訪れた遠藤さんの写真展は、グリーンランドのイヌイットの人たちを取材したものだったが、そこには伝統的な狩りをする姿とともに、貨幣経済や資本主義が流入したことによる暮らしの変化、いわゆる近代化の影響も映し出されていた。気候変動による自然環境の変化だけでなく、そうした人為的な変化もまた、雪のなかで育まれてきた伝統的な暮らしを溶かしていることが伝わってきた。

気候変動と資本主義。この二つは切っても切れない関係性にあるように思う。経済的発展と自然環境の保全・回復が両立する解はいまだに世界で見つかっていない。そして、長く続く経済成長優先の社会がそう簡単には変えられないものであることも、私たちはよくわかっている。きっとこの本を読んでいる人たちも、気候変動の影響を肌で感じてきているのではないかと思う。夏に40℃近くまで気温が上がる日々が続いたり、「100年に一度」と言われるような規模の豪雨が例年各地で発生したり、日常のなかでもはっきりと分かるような変化が増えてきている。そうした希望も答えもない気候変動にまつわるニュースや議論をずっと聞いていると、気が滅入ってくるのではないだろうか。私自身、考えるのを止めたくなることが少なくない。

でも、遠藤さんが語る雪の話は、たとえそのなかに悲しい現実が含まれていても、たとえそこに明るい解が見えなくても、私はなぜか聴きたくなる。遠藤さんの話には、どっしりとした「根っこ」があるからだ。足元の自然を見つめ続けているからこそ聞こえる地球の声を代弁しているような、あるいは、はるか昔から自然とともに生きてきた民族の叡智に基づくような言葉だからかもしれない。

気候変動に関する数値的な立証や科学的な予測も重要な一方で、私はそうした「土に根ざした声」こそが、経済を最優先する社会から舵を切るためには大切なのではないかと感じている。頭で考えることではなく、生物の一種として、からだ全体で、自然の声なき声に耳を傾ける時間が、命にとって大切なものに気づかせてくれるのではないだろうか。遠藤さんの話は、そんなふうに「自然とともにある」感覚の喜びを思い出させてくれる。

今回は、そんな遠藤さんのライフヒストリーと、写真展で印象深かったグリーンランドの取材に焦点をあてて話を聞いた。

グリーンランドへ旅立つ前に

○グリーンランドは1720年代からデンマーク=ノルウェー連合王国による植民地支配を受け、のちにデンマークの領土となった。1953年には植民地からデンマークの一地方と同格の地位になり、1979年以降は自治領となっている。

○20世紀頃からデンマーク政府がグリーンランドに対して近代化と産業化を促進する施策を進めたことで、伝統的な暮らしを営む人が減少。現在は北西部のわずかな地域のみに、グリーンランドの伝統文化が残っていると言われている。

○北極圏の海氷は50年ほど前と比べて大きく減少しており、グリーンランドでは、2007～2009年で年間2460億トンの氷が失われた。海氷を利用した伝統的な暮らしの継続が危ぶまれているほか、海氷のうえで生息している生物や海中に生きる魚類などへの影響も懸念されている。

○北極圏には全世界における未発見の石油の13%、天然ガスの30%が眠っているとされ、その資源の採掘を周辺各国が狙っている。

スノーボードに携わりながら、人生をかけて探究できる仕事に

雪の世界は特別な感覚なんですよね。雪国の冬は色も景色も一変するし、遊び方の自由度も増すじゃないですか。たとえばかまくらみたいに、ないものを作れたりもするし、すごい高さからジャンプして飛び込めたりもするし……異次元なんですよね。だから昔から断トツ、雪が好きでした。小さい頃はよく兄貴と、近所の神社から湖に下る小道の雪を固めて、そり滑りして遊んだり、父親もよく雪山に導いてくれたので、家から歩いて山でスキーを楽しんだ思い出があります。

小学生の頃はオリンピック選手を夢見るくらいスキーに熱中していましたが、中学生の時に、スノーボードという新しい遊びが世界的に大流行していて、それからすっかりスノーボードの虜になりました。スケートボード同様にパンクやロックといった音楽やグラフティー、ファッションを取り込んだものだったので、ストリートカルチャーとして流行に敏感でエッジの効いた人たちの間で広まっていったんですよ。僕も目立ちたがり屋だったし、まあまあな悪がきだったので（笑）、そういうまだ田舎では誰も知らないような先端のものに魅かれたんですよね。それに単純にクリエイティブで楽しかった。当時はインターネットもほぼなかったし、スノーボードショップも少なかったから、電車で1～2時間かけて最寄りのスノーボードショップまで行って、情報収集したりもしていましたよ。

17歳のときに高校をドロップアウトしたんですけど、その冬から今まで、「年間100日以上雪上に立つ」というサイクルを継続しています。自分の人生で、サボらずに一生懸命やれたって自信をもって言えるのは、スノーボードとその後に始めた写真です。

その後、友達に誘われて通信制の高校に入り直したんですけど、自分がこの先どう生きていくかを考えるじゃないですか。スノーボードは好きだったけど、それを仕事にする未来は見えなかった。スノーボードで世界と勝負できる自信がなかったんだと思います。それにアスリートってだいたいどんな競技も20代がピークで、活躍できる期間が短い。生涯かけて深め続けられることを選びたいと思ったんです。昔から、図工と美術と体育だけは自信があったから、クリエイティブなことなら一生追求できそうだなと思ったし、スノーボードにも関わり続けたいと思った結果、写真に行き着きました。

カメラも昔から身近にあったんです。父親がカメラ会社のエンジニアとして働いていたので、一眼レフとかが家に転がっていました。とはいえ、写真家になるって19歳の時に決めるまでは、そんなに触れてはいなかったですけど……。「スノーボードを撮る写真家になる」と決意してすぐに、持っていた遊び道具とかバイクとかを全部売って、とりあえずカメラの機材を買いました。身近に前例がなかったから、独学でやっていくしかなかったですね。でも、当時はスノーボードをやっている人が全員知り合いと言えるぐらい、小さなコミュニティだったし、雑誌に出ていたりスポンサーがついたりしているような活躍しているスノーボーダーの友達もいたから、「この仲間がいるかぎり被写体はいる」っていう、ある種の安心感はありました。

スノーボーダーを撮るには、一緒に滑りながら撮ったりするので、カメラの技だけではない雪山のスキルが問われます。今でこそバックカントリーという、人の管理がされていない山岳の奥地に分け入って滑ることがレジャーとして確立されましたが、当時はまだスノーボードの黎明期で、ゲレンデでハーフパイプ（構造物をスノーボードで滑りながら、アクロバティックな技を披露する）をやるのが全盛期でした。スノーボード界の成長とともに、僕も雪山を学び滑走技術を磨いていった感じですね。

「山の住人」とスノーボードのカルチャーサイド

雪山ってやっぱり怖い場所でもあるんです。雪崩とか遭難とか毎年のように起きているじゃないですか。毎日、気象の変化を観察したり、山のちょっとしたサインを確かめたりして、山との対話をしていると、「山が穏やかに開いている時」って確実にわかるんです。逆に日々山とコンタクトしていないとわからなくなる。だから、1、2日ぐらいなら大丈夫ですけど、1週間もその山に行っていなかったら怖いです。そこから数日間は周囲から情報を得たり、ちゃんと山と対話してからじゃないと入れないです。

そして対話は一人じゃなくて、地元の仲間たちとのコミュニティでやっているような感覚もあります。僕らは雪山が好きな仲間っていうのはもちろんあるんですけど、自然の山に分け入るためには一人一人に役割のようなものがあって、お互いに必要とし合う関係性なんです。そしてもう25年以上も同じ山に通い続けているので、このエリアで蓄積したノウハウや簡単には崩れない互いへの信頼感があります。そんなふうに、僕らは山の麓に住んでいる「雪山の番人」みたいな存在にもなりうること、そしてコミュニティを持っているんだってことには、誇りを感じています。

それでカメラをやり始めてから10年ぐらい経った頃に、そういうコミュニティの存在やライフスタイルを含む「マウンテンカルチャー」を発信していきたくなったんです。それまでの10年は、メディアやメーカーから依頼された仕事を商業的にやっていたんですけど、そのときは大会とかの撮影が多くて、スポーツの要素が強かったんです。でも、「スノーボード＝オリンピックスポーツ」だけじゃなくて、もっとカルチャー的な側面もあることを知っていたので自分はそれを写真で伝えていきたいと思った。アスリートサイドとカルチャーサイドって対極なので。自分が写真家として、明確なテーマの中で動けるようになったのは活動を始めてから10年くらい経った頃からですね。その頃撮り始めたのが、レジェンドと言われるような伝説的な滑り手たちでした。

そうした動きの中で僕にとって特別な存在に出会いました。アメリカ・ワシントン州に住むテンプル・カミンズ、90年代に世界中に名を知られた彼は僕より4つぐらい上かな。スノーボードがうまいっていうのは当然ながら、それだけじゃなくて、生き方とか普段のライフスタイル、家族とのあり方も含めて、僕にとっては道標のような存在なんですよね。とにかく、でかいんですよ、人として。常に自然体で優しくて開いてる。超人的な滑りの才能はあるんだけど、エゴや欲が不思議なくらいないんです。決して裕福な暮らしというわけでもないけど、波乗りやスケボー、自分の一番やりたいことをする時間をいっぱい持っているし、ずっとフィールドに居続けているから、周囲からすごくリスペクトされていて、守られているんですよね。

彼をはじめ、海外での取材をするようになって気づいたのは、「スノーボードという共通言語」の力です。海外での取材をするように行き始めた頃は、ほとんど英語をしゃべれなかったけど意外に平気だったんです。共通言語がスノーボードっていう感覚があるから、それだけで信頼関係を築けていけたんだと思います。

ちなみに、何も共通言語がなくてもちゃんと相手の目を見て話を聞いたり、ジェスチャーでも日本の言葉でもいいから挨拶や感謝を必ず伝えることは常に心掛けています。特に感謝。ちょっとしたことでも何かしてもらったら、必ず感謝を表す。本当に心から示していれば相手にも伝わるし、少しずつですが信頼関係を築いていけるような感覚がありますよ。

それに、僕の場合は写真のおかげで、いろんな人と時間を過ごすことができたとも思っています。自分の場合は、写真という目的があるだけで、人と過ごす理由が成立するのです。カメラがあるだけでその被写体と一時的な、もしくは時に長期的な関係を結びながら異国の文化や場所にリーチすることができるというのは面白いことだと思っています。

氷山×民族×文化の北極

スノーボード界の潮流を紡ぐような撮影は今も続けていますが、テーマとしては完成した感覚があったので、次に始めたのが「Snow meditation（直訳すると「雪の瞑想」）」のシリーズです。雪の匂い、音、温かさ、やわらかさ……そういう体感的な要素と、雪の世界に開かれる自分の感情の開示を写しとる試みに集中した時期がありました。何度か個展も開いて、その世界観をある程度完成させた後、氷河を撮りに行きました。氷河は雪が何万年も堆積して、ぎゅっと重力で固まったものなので言わば太古の雪なんですよね。そんな外見だけではなく、雪についての歴史や地球の大きな循環を想像しはじめていくうちに、今度は氷山が見たくなったんです。

氷山とは氷河から崩れ落ちた特に大きいサイズの氷の塊を指すのですが、北極か南極に行かないと難しいんです。どちらの極地に行こうかなと考えた時に、南極は人が住んでいないからカルチャーがない。北極は先住民族がいて、歴史と文化がある。じゃあ北極に行こうと。氷山と、そこに存在する民族文化を撮ってみようと思って、「POLAR EXPOSURE（直訳すると「極地露光」）」というプロジェクトを2017年に構想し、リサーチを始めました。仕事のオファーで、ラップランド（北欧・スウェーデン・ノルウェー・フィンランドをまたぐ北極圏近くのエリア）に住む先住民サーミの取材には行かせてもらいましたが、自分で単独遠征を開始したのは2018年のグリーンランドからでした。

北極に行こうと決めてから、極地研究者らの集まりなどに呼んでもらって情報を集めたり、自分でもいろいろと調べていくうちに、北極圏では気候変動の影響が顕著に表れているのがわかってきて、これは今しか撮れない、今やっておかなくちゃという思いが強くなりましたね。

2018年と2019年の二回の旅では、グリーンランド最北の集落を目指し人口600人ぐらいのカナック村と、そのさらに先にある、人口30人ほどのシオラパルクという先住民族の村として地球最北にあたる小さな集落を訪れました。

日本から中東・ヨーロッパを経由しながら何度か乗り換えグリーンランドへ入り、週に1便しか飛んでいないカナック行きの小型飛行機に乗り継いでようやく着いた地では、圧倒されましたね。そこはまさに北極！　という感じ。びしっと氷の世界が広がっていました。村はその広大な氷の中にポツンと存在していて、まるでどこかの星に降り立ったようでした。

当初の予定では、そのままシオラパルクへ向かう計画でいたのですが、搭乗直前にヘリコプターが壊れてフライトがキャンセルになってしまったんです。1週間ほどカナックで待ってみたものの、部品を取り寄せるのに時間がかかるとかで、一向に飛ぶ気配がない(笑)。困っていたら、宿屋のハンスさんが、「猟師の犬ぞりで行けばいいよ！」と、シオラパルクの実家に帰る猟師を紹介してくれて、初めましての、しかもまったく言葉が通じない猟師に犬ぞりに乗せてもらって、8時間ほどかけて移動しました。今振り返れば現地では珍しくない移動の仕方なんですけど、その時は、白熊が出てきたらどうしようとか、海氷の隙間に落ちたら助けてもらえるだろうかとか、自分は雪山や自然の怖さを知っていたので緊張でいっぱいでした。

シオラパルクに無事に到着してからは、紹介もあったお陰で空き家に住まわせてもらうことができました。カメラを持ち出す前にまずは集落に馴染まなくてはと思い、プラプラと出かけては人々に挨拶をすることからはじめました。スノーボーダーが「雪板」と呼んでいる、木を削りだして作った小さなスノーボードのような板を持っていっていたので、ある時それで遊んでいたら、子どもたちがわ〜って寄ってきたんです。向こうからこちらに興味を持って近づいてきてくれたのは嬉しかったですね。そうやって最初は子どもたちと仲良くなっていきました。すると30人ぐらいの小さなコミュニティなので、だんだん親たちも心を開いてくれて、「お茶飲みにおいで」とか「この魚食べな」とか徐々に声をかけてくれるようになりました。このときはスノーボードで培ったコミュニケーションに助けられましたね。

イヌイットの人たちと僕ら日本人も同じモンゴロイドなんです。だから見た目がすごく似てる。向こうの人たちからよく「おまえ、見た目がエスキモーだな」って言われましたよ（笑）。そういう親近感みたいなものをお互いに持ちやすかったですね。

シオラパルクに滞在するなかで印象的だったのが「プラット」という習慣です。おもしろいことに日本語と似ていて、「ぷらっと近所に遊びに行く」ことなんです。隣近所の家に、さっと入って行って話をするという習慣があって、日々そうやってコミュニケーションをとっているんです。「日本人が来た」とかそういう情報が回るのが恐ろしいぐらい早いです。インターネットより早いんじゃないかな（笑）。日本でも田舎とかでは残っているのかもしれないですけど。現代社会の大人たちは、何か目的がないと人に会いに行きにくいじゃないですか。用もなくただ、元気かい？って挨拶しにいくようなことって、遠慮しがちですよね。近所同士で「プラット」しあっているのは、いい習慣だなって思いました。

北極先住民と食と動物

滞在中、狩りにも連れて行ってもらいましたが、北極の猟師ってまあ厳しいんですよ。時には命懸けで狩猟をしながら生きているからだろうけど、猛者というか、強い人が多いんです。犬ぞりの犬の扱いもすごく厳しい。犬ぞりで移動している時に、言うことを聞かない犬がいたらぼこぼこに蹴ったり、怒鳴り散らしたりして、服従させる姿をよく見かけます。そもそも向こうの犬は狼のような野生の目をしていて体格も大きいから、人間を絶対になめさせないっていう意識があるんだと思います。聞いた話だけど、シオラパルクで一度、人間の子どもが犬に食べられちゃった事故があるらしくて。そのとき近くにいた十頭ぐらいの犬、全部射殺したそうです。人間に完全に服従させるために、逆らえない立場を常に教え込ませるんですよね。それに死んだ犬は、その場に放置されたりごみ捨て場に捨てられています。でも一方で、リーダー犬になるような賢い犬や、そりを引くために必要な頭数をすごく守ってもいるんですよ。大事な働き手や財産だからです。僕も愛犬と暮らしていますが、自分が愛犬に抱いている家族のような感覚とはまったく違いますね。

もう一つ、動物に対してや食の文化の違いを強く感じたのが、イッカク猟について行った時のことです。目の前で大きな獲物（動物）が血を流して死んでいく姿に、自分は胸が苦しくなったのですが、彼らは「やったぞ！　獲ったぞー！」ってみんなが満面の笑顔だったことが脳裏に焼きついています。

現地で撮った写真を振り返ってみると、結構「血」を撮っているんですよね。それはシステム化された日本では普段「見ないようにしている場面」だから、彼らが正視していることが印象深かったんです。先住民と過ごすなかで、獲った獲物の毛皮を使って防寒具を作ったり、骨は狩猟具として、脂もカミックと呼ばれるアザラシの革で作った雪靴の防水ワックスに使ったり、命を余さずいただくということが根ざしてきたこともすごく感じました。

そしてグリーンランドやカナダの北極圏に暮らす先住民族を「エスキモー」と呼ぶこともあります。諸説あるけどこの言葉は「生肉を食べる人」という意味として解釈が広まっているので、差別的な呼び名だとされて、最近は使うのを避ける傾向もあります。でもこれまでずっとお世話になってきた村の長老に「実際、エスキモーって呼ばれることに対して思う?」と聞いたら、「私はエスキモーだよ。生肉を食べるし、その言葉に誇りを持っているから、私はエスキモーと呼ばれて大丈夫だ」って言い切っていました。もちろん住む場所や人によっても意見は違うと思いますが……。

いずれにしても、動物や食べ物との距離感は穀物や野菜を育てたり、切り身でパックされた肉や魚を購入して食べる僕らの生活圏とはまったく違うはずです。

北極に押し寄せる「消費社会」と「発展」の波

グリーンランドの僻地まで行って考えさせられたのが、消費経済の浸透ぶりでした。カナックにはスーパーマーケットが存在するし、シオラパルクにも小さな商店があります。高額だけどそこでパスタとか缶詰とかを買えるから、狩りに行かなくてもお金さえあれば生活できるように変わってきている。僕が最初に行った２０１８年はガラケー（ガラパゴス携帯）が主流だったけど、翌年行ったら、タッチパネルの携帯（スマートフォン）が普及していた。一緒にセイウチ狩りに出かけたイヌイットから「Facebookやってる？」って聞かれたり。僕のほうが使ってないですよ（笑）。

シオラパルクの暮らしぶりからも変化が見えます。水道が無いので水は集落にある貯水タンクから汲んでくるし、トイレはビニール袋に溜め、それを定期的に集めて海岸で燃やしています。一方、みんな木造の家に住んでいて、灯油式ストーブを焚いているし、村には石油を使った発電システムがあるため電気も使える。だから灯油代や電気代、ケータイ代など、既に暮らしを維持するだけでもお金が必要になっているんです。村で暮らすだけでも出費がある生活に、この数十年間で変わったようです。だからみんなとにかくお金が必要なんですよね。

でも、少し前まで彼らがお金を得る手段の一つだった動物の毛皮は、世界的に輸入が制限されはじめ、狩りをしてもほとんどお金にならなくなってしまったんです。その影響もあってか、シオラパルクには30人ほどの人口のうち、専業猟師はほとんど残っていません。逆に今、グリーンランドで漁れるカラスガレイが世界的に人気になったので、漁業でお金を得ようと、オヒョウが漁れるカナックに出稼ぎに行く人も多く、周辺の集落からカナックへ引っ越して、猟師から漁師になる人も出ています。自分が想像していた「エスキモー」という毛皮を纏ってイグルー（雪のブロックを積み重ねてドーム状にした伝統的な家）に住んでいるような人々はもうとっくに過去のもので、彼らは次のステージへ歩み出している。

そんな中で、自分のようなツーリストの存在も収入源として認識が広まりツーリズムも発展してきています。最北の集落だといわゆる観光ツアーみたいには、まだ確立していないですけど、外部からのコーディネートビジネスは始まっています。犬ぞりの料金は相場が決まっているし、ツーリストが行くことで、これからどんどんマーケット化していくのだろうと思います。

もちろん日本をはじめ他の国々も同じように、自給自足の暮らしから貨幣経済に変わっていきましたが、これまでの先進国の発展は千年、数百年とかけながら、一歩一歩周囲の状況と一緒に成長してきたと思うんです。でも北極地方の集落を見ていると、いろいろ飛び越えてしまっている感じがするんですよね。たとえばカナックにはパッケージされた輸入食品が入ってきて人々は当たり前にそれらの商品を消費しているのに、ごみを処理するための焼却場がまだない。砂糖やタバコ、お酒も入ってきて、娯楽の少ない暮らしの中では、それらに対する精神的な依存が大きい。特にアルコールは、依存症や酒乱、バイオレンスが問題になっています。もともと北極地方は果実や穀物が育たないし、気温が低いから、歴史上お酒が無かった。だから彼らはアルコールを分解する機能も弱いみたいで、泥酔しやすいんですよ。

また一方で、グリーンランドには鉱物資源や原油が眠っていることが明らかになったので、世界各国や産業界から注目が集まっています。すでに産業界の大手が掘削の権利を獲得し、開発が始まるのも秒読みの段階になっているので、氷が溶ければ急速にその資源開発が進むことが予想されます。僕は環境や人為的な気候変動にも関心があるので、北極圏で起きているそれらの動向はこれからも注視していこうと思います。

再会した友人との「北極らしい」時間

もともとは先住民族の伝統的な姿と気候変動の影響を撮ろうと思って始めたプロジェクトだったのに、現地でよく見えてきたのは、僕らが普段住んでいる世界、資本主義社会だった……。それが自分の頭に取り憑いてしまったから、気づいたら北極地方における資本主義の姿をたくさん撮っていたんですよね。このシリーズでは「真実であること」「時代性を示すこと」が大切なので、強面の猟師がたばこをくわえている写真とか、村はずれの海岸に積み上げられているごみの山や、そこに無造作に捨てられている犬の写真とか、僕らが「伝統的な民族」からおそらく想像しないような光景も撮っていました。

だから２０１９年の二度目のシオラパルク滞在後、もうここまでかな、これ以上先住民文化としての「奥地」はないんじゃないかなとも思ったんです。だけど北極の猟師にとって、イッカク、セイウチ、白熊の3大大型生物は、一番難しく、特に白熊は北極の猟師にとって一番の誇りであることを知り、失われゆく狩猟文化の中で白熊を含めた3種はプロジェクトに収めようともう一度自分を奮い立たせたんです。パンデミックが少し落ち着いた２０２２年に再度グリーンランドを訪れました。

その時は人伝いにこれまでとは違う集落に行ってみました。一見シオラパルクと同じように定住しているし、小さい商店はあって輸入品も入ってきてはいましたが、食糧調達は自給自足に近くて、30人ほどの人口のうち半分ほどが、猟師として暮らしてもいました。現地の人の家にお世話になりながら1ヶ月ほどその集落をベースに撮影を続け、狩りにも同行させてもらいました。だけど肝心な白熊を含めた狩りの姿は何も撮れなかったんですよ。聞くところによると白熊はすごく警戒心が強いし、めちゃくちゃ鼻がいいから、天敵の犬の匂いを風向きで感じると逃げてしまうらしいんです。仮に僕一人で歩いていたら遭遇率は高いかもしれないけど（笑）、犬ぞりで探しに出かけていると、なかなか現れないものでした。

最初に決めていた帰りのフライトの数日前になって、集落のある家族が犬ぞりで旅に出ると聞いたんです。しかもその行路が、僕が北極地方で唯一本当に仲のいい友達だと思っているカユアングアが住んでいる方向だって言うんです。一緒に旅に出たら1ヶ月以上は帰れないから、すごく迷ったけれど、狩りの写真もまだ撮れていなかったから、滞在期間をもう少し延ばして、旅に同行させてもらうことにしました。

カユアングアとは2018年にカナックで出会いました。村の外れでテント生活をしていた僕のところに突然犬ぞりで現れ、珍しいからなのか心配したからなのか、声をかけてくれたんです。そしてそのまま犬ぞりに乗って海氷沖合のカラスガレイの釣りに連れて行ってくれました。そして翌年には彼の家でしばらく泊めてもらったり、イッカク猟にも連れて行ってもらったんです。

その後は、どうも実家があった消滅集落に戻ったらしいという噂は聞いていたんですが、僕から直接連絡をとる手段はなかったし、廃村だから、そこに行く交通網もなければ、地図にさえ載っていない。二度と会えないんじゃないかと思っていました。でもイヌイット同士のネットワークのおかげで彼の居場所がわかって、偶然にも旅の方向が同じだったから滞在を延長してその家族と旅に出かけました。極寒の中でキャンプをしながら犬ぞりで氷河をこえたり、途中の廃村で何日も過ごさなければならなかったりと、そこにたどり着くまで大変な道中でしたが、なんとかその旅でカユアングアと再会することができました。

彼は本当に廃村になった実家の家に一人で住んでいて、必要最低限のもの、モーターボートやそれを動かす化石燃料、発電機に使う石油とかは運び込んでいたけど、食料は狩猟にたよっていて、ほぼ自給自足に近い暮らしを送っていました。家の外には白熊、アザラシ、イッカク、ジャコウウシと、獲った獲物がいっぱい置かれていました。カユアングアとは、僕が覚えたわずかなイヌイットの言葉とジェスチャーでしかコミュニケーションをとることができないけど、仲良くなった理由の一つは、僕がイヌイットの暮らしに興味があることが伝わったからじゃないかと思います。彼の生活をよく手伝いました。廃村に残っている家を壊して木材を切り出して暖を取るための薪を作ったり、狩りや獲物の解体も手伝いました。そもそも狩りって普通は共同作業でやるんですよね。獲物を追い込んだり、獲れた獲物の引き上げや、凍ってしまわないうちにみんなで解体したり……。僕もツーリストではなく、友人として対等な立場で一緒に過ごしていました。

他に誰もいないその村で1ヶ月ほど滞在していた時間はそれまでの北極滞在とはまるで違い、毎日がサバイブであり本当の狩猟生活だったので「生きる」ということを実感できました。

「厳しい北極」と「楽園」

カユアングアがカナックでの暮らしから故郷の村に戻った理由は、細かいコミュニケーションができないので正確にはわかりません。でも２０１９年にイッカク狩りに連れて行ってもらった時にすでに彼は、集落が近代化していくのに疲れていたんですよね。猟師では珍しくたばこは吸わないし、酔っ払いが増えていくのにも幻滅していた。そういうのもあって静かな狩猟生活に戻ったんじゃないかとも思います。

もし「POLAR EXPOSURE」を２０１９年で終わらせてしまっていたら、「近代化の中にエスキモー文化は消えていった」という自分の解釈だけで完結させた気がします。もう一歩諦めずに進んだことで、自給自足に近い暮らしをしている人々がまだ存在しているのを目撃できたし、カユアングアのように、近代的な暮らしから狩猟生活に戻るという新しい現象も収められたのは、プロジェクトにとっても貴重なことのように思います。

北極地方に行って一つわかったことがあるんです。それまでずっと、なんでこんな厳しい場所に、彼らは住もうと思ったんだろうって疑問に感じていました。でも、現地でゆっくり時間を過ごしていると鳥のさえずりが聞こえてきたり、晴天の日には、アザラシが海氷で気持ち良さそうに昼寝をしているのも見えました。そんな光景を眺めながら、狩りで見たイッカクや大型哺乳類の姿を浮かべていました。北極に対しては極寒の僻地ぐらいしかイメージがなかったけれど、その時感じたのは、ゆっくりと穏やかな自然界の流れだったんです。「ああそうか、ここは動物の楽園だったのか」って理解しました。最初にこの地にたどり着いた人々のことを想像したら、脂ののった美味しい魚が沢山捕れるし、それを食べて丸々と太ったアザラシたちがいる。春になれば無数の渡り鳥もやってきてそこには人々の食料競争も無い。狩猟採取で生きていた古代の人々にとってそこは食の楽園だったんだって、心の奥底から腑に落ちた感覚になりました。

人類は文字通り、地球に生かされてきたんですよね。地球とか宇宙とか、大きすぎてなかなか感覚として捉えにくいと思うんですけど、でも、北限で生き続けてきた人たちに触れて、太古からの歴史の流れや人間も地球という大きな生命体の一部として存在してきたことを、強く感じるようになりました。でも現代は自然と切り離された暮らしが増え、世界中で自然災害が頻発している。このままいくと、地球はあまりよくないことになるんじゃないかということは、多くの人が感じていることだと思います。

北極圏では、他の地域と比べて2～5倍の速さで温暖化が進んでいると言われています。イヌイットの人たちからも、冬に雨が降ったり、海氷が張る時期が十数年前と比べて約3ヶ月減ったと聞きました。ただ、彼らが気候変動そのものについて話すことはないですね。自然に沿って生きていく。逆らわない。でもそういうシンプルさがいいんです。欲や情報に縛られないことが豊かに暮らすコツじゃないかと、彼らの生活に触れて深く感じます。

遠藤 励（えんどう・つとむ）
写真家。大衆スポーツとなる以前のスノーボードの黎明期を目撃し、90年代後期から国内および世界のフリースタイルシーンに携わり、国内・北米・欧州のボードカルチャーの専門誌やメディアに作品を提供。また、２００７年頃より雪にまつわる作品表現に傾倒し、「snow meditation」や「水の記憶」などの雪や氷河の作品シリーズを発表。近年は北極圏への遠征を重ね、ドキュメンタリー撮影を継続。現地で急速に進行する気候変動が及ぼす生態環境への影響、原始的民俗の変遷を記録し、作品化を続けている。長野県・大町市出身・在住。作品集に「inner focus」（小学館）、２０２３年12月に「MIAGGOORTOQ」をリリース。

関連映画紹介

『北の果ての小さな村で』
94分／2017年／フランス

『ビッグ・リトル・ファーム　理想の暮らしのつくり方』
91分／2018年／アメリカ

本章で焦点を当てたグリーンランドを旅するような感覚を味わえるのが『北の果ての小さな村で』だ。グリーンランドの壮大な自然を楽しみながら、そこにある歴史的・社会的な「葛藤」にも触れることができる。主人公はデンマークに暮らす28歳の青年教師。グリーンランド東部にある人口わずか80人の小さな村の小学校に、デンマーク語を教えるため赴任する。しかし言語や生活習慣の違いなど、さまざまな壁にぶつかってしまう。そのなかには、デンマークによる「同化政策」に対する批判的な声や、ヨーロッパ型の教育よりも猟師になるための学びのほうが重要だといった声も……。

実は、本作は実話とフィクションを織り交ぜて作られている。

ブルーレイ・DVD 発売中
発売・販売元：ポニーキャニオン

主人公を演じるアンダースは、今も村で先生として暮らしている。また、伝統的な暮らしのあり方や、時に厳しくも美しい大自然の光景にもリアリティが溢れていて、心を掴まれる作品だ。

一方、遠藤さんが話していた「地球とのコミュニケーション」の力を体現しているのが『ビッグ・リトル・ファーム　理想の暮らしのつくり方』だ。実は私は、遠藤さんと出会ったきっかけであるショートフィルムを制作したのち、東京から石垣島へ移住した。遠藤さんをはじめ、自然に近い暮らしをしている人たちの観察力に憧れたからだ。毎日見つめつづけるからこそ、気づくことができる自然の声がある。そういう人に私も近づきたいと思った。この映画はまさに、その観察力の賜物のようなドキュメンタリーだ。

大都会ロサンゼルスに暮らしていたある夫婦が郊外へ移住。東京ドーム約17個分もの広大な荒れ果てた農地を、理想の農場につくりあげるまでの8年間を記録している。ある時は虫が大量発生したり、またある時は大干ばつに見舞われ、はたまた家畜をコヨーテに襲われたり……。次々に起こる問題をじっくりと観察し、植物、家畜、昆虫、野生動物など、すべての生き物たちの繋がりと営みが、自然に調和する形を模索し続けていく。「自然は、完璧だ」そんな想いに行き着くまでの奮闘に胸が熱くなる。ちなみに、野生生物番組の制作者だった夫が監督のため、生き物たちの姿が愛情深く映し出されているのも見どころだ。

「映画配給と私」5

「映画が好き」と言えるまで

高校時代の一番の友達は映画だったかもしれない。一緒にお昼を食べる同級生のグループや感覚の近い仲良しの友人たちはいたものの、もともと一匹狼気質だったこともあって、学外で友人たちと遊ぶことは基本的になく、週に一度の部活の日を除けば家へ直帰していた。そして夕飯を食べながら母と映画を観るのが、いつの間にか習慣になっていた。

地方都市で暮らしていたため、日常の中で触れる世界は今振り返るととても狭かった気がするが、映画は国境も時代も越えていろいろな世界に連れて行ってくれた。喜怒哀楽の四文字だけでは収めきれないさまざまな感情も教わった。青春時代らしい友人たちとの記憶はあまりないが、それでも寂しさをまったく感じなかったのは、映画という友達がいてくれたおかげのように思う。

そんな個人的原点はあるものの、「映画の仕事がしたい」と思ったことは一度もなかった。一つ目のコラムで書いたように、「シリアの友人たちのために何かしたい」という想いから、縁が巡って映画の仕事に携わるようになったのだった。

そして、映画の仕事に従事するようになってからも、「映画が好きなんですね」と周りから言われると、「うーん」と言葉を濁してしまう自分がいた。「映画が好き」というと、シネフィルと言われる人たちのように名作からインディペンデント作品まで幅広く押さえていて、評することができる人のイメージがあったからだ。私はと言えば、好きではないジャンルは基本的に避けてしまうし、数多くの映画が観たいという気持ちがあるわけでもない。記憶力が悪いため、監督名や俳優名を覚えるのも苦手だ。そんな自分が「映画が好き」だというのはおこがましいと感じてきた。

じゃあ私にとって映画とは何なのか。自分と映画との関係性にじっくり目を向けてみると、おそらく昔も今も変わらず、私は映画を通じて、自分の人生の中にはない世界を知りたい、触れたい、考えたい、のだろうと思う。高校時代と比べれば、大人になった今は物理的にも心理的にも世界が広がった感覚があるものの、それでも一人の人間が一生の中で経験できることには限りがある。映画は自分の人生にはない経験を追体験させてくれる。直接出会えない人の声や生き様に触れることもできる。自分の中から沸き起こる色とりどりの感情にも気づかせてくれる。映画は私にとって、そうした体験へと誘ってくれる友人であり、師匠のような存在だ。

そしてユナイテッドピープルで働いた3年間は、映画を通じて生まれるリアルな人との出会いの喜びや楽しさも教えてくれた。ユナイテッドピープルは買い付けた映画を映画館で上映するだけでなく、一般の人にも貸し出し、カフェや公民館、学校や会議室などで上映してもらう「市民上映会」を行っている。市民上映会だと参加者同士の距離が近く、鑑賞後の対話の時間も持ちやすい。映画のなかで取り上げられている社会的なイシューやテーマについて、映画をきっかけにみんなで考え、対話する機会を持つことをユナイテッドピープルは大事にしていた。

映画館での上映と市民上映会との両方を通じて、私自身、全国各地の多様なバックグラウンドの方々と出会い、想いを語り合い、学ばせてもらってきた。それは映画からもらったもう一つの財産だ。

その後フリーになってからもご縁をもらい、個人で映画の配給宣伝サポートをしたり、映画のイベントを行いたい人に、その場に適した映画の推薦をしたりしている。一つの作品の公開準備に長く関わることよりは、単発の映画イベントの企画運営のほうが増えているが、その分、多様なテーマの映画作品を届けることができて、新しい楽しさを感じている。

そして最近になってようやく「映画が好き」と、ためらわずに言えるようになった。それは、「好きの形は多様でいいし、好きなものとの関わり方には多様な道があるはず」と思えるようになったからだ。一人一人異なる「好き」を大切に手繰り寄せ続けていたら、その人にしか開けない道が開かれていくはず。本書で紹介している5人もまさにそんな人たちだろう。その「好き」の気持ちや、「大切にしたい」想いを外に伝えていくほどに、きっと私が5人と出会えたように、住む場所や活動する領域、関心をもつ対象すら異なっていても、重なり繋がる時が来るのではないかと思う。違うけど同じ、同じだけど違う。それを噛み締める時間はいつもワクワクと喜びに満ちている。

一方で、映画を観る側だけでなく、届ける側に立つようになったからこそ、映画の持つ力との向き合い方には自分のなかで少し変化が生まれた。「映画の力も諸刃の剣」ということを意識するようになったのだ。

たとえば、ドキュメンタリー映画『アクト・オブ・キリング』のなかで、インドネシアでの大量虐殺を行った実行者が「俺はハリウッドのギャング映画を観て殺し方を学んだ」と話すシーンがある。あるいは、ヒトラーのナチ党が映画をプロパガンダに利用したことも有名だ。はたまた、ドキュメンタリー映画は、実在の人物、特に今この瞬間に生きている人たちを映し出していることが多い。物語ではなく現実を撮っているからこそ、映っている人たちの人生に与える影響は計り知れない。また、ドキュメンタリーは現実世界を映している一方で、撮り手の意思のもとに切り取られた一つの世界であり、フィクションであるということも忘れてはいけない。

「映画が好き」「映画とともに生きていこう」という気持ちを確かに持つようになったからこそ、そうした映画の多面的な面に、丁寧に真摯に向き合っていきたい。

「映画配給と私」

6 コロナ禍で気づいたミニシアターを守りたい気持ち

日本でも新型コロナウィルスが猛威をふるい始めた2020年春。政府が緊急事態宣言というものを出すらしい。そんないまだかつて聞いたことがないニュースに胸がざわざわしていた時、長年仕事をさせてもらっているクラウドファンディングプラットフォーム、MOTION GALLERYの代表、大高健志さんから、MOTION GALLERYのメンバー一同にメッセージが送られてきた。休業を余儀なくされ支援が必要な全国のミニシアターを応援するクラウドファンディングを始めるから、協力してほしいという内容だった。

「ミニシアターエイド基金」と名付けられたそのクラウドファンディングは、映画監督の深田晃司さんと濱口竜介さんが映画館の状況を案じて、大高さんに相談をしたことから立ち上がった。大高さんからメッセージが届いた2日後の4月7日に緊急事態宣言が発令され、社会のさまざまな動きがストップしたのとは裏腹に、深田監督、濱口監督、大高さん、映画やアートに関わる企画をプロデュースするInclineのプロデューサー高田さん、岡本さん、そしてMOTION GALLERYのメンバーたちの間では連日活発にメッセージのやり取りやミーティングが行われ、4月13日にはクラウドファンディングがスタートした。

私はMOTION GALLERYの中で主にイベントの企画運営を担当しているため、この時もミニシアターエイド基金の存在をより多くの人に知ってもらい、一緒に応援してもらうための企画を考えることが役割だった。

そして始めたのがYouTube配信「オンラインでミニシアターを旅しよう」だ。兵庫県の豊岡劇場、大分県の日田シネマテーク・リベルテ、富山県のほとり座、東京都田端のシネマ・チュプキ・タバタ、広島県の八丁座、兵庫県の元町映画館と、6つの劇場の支配人や代表の方に、劇場内のバーチャルツアーをしてもらったり、なぜシアターを営んでいるのかや、映画の力をどのような時に感じるか、といった話をしてもらった。

また、クラウドファンディング最終日前日には、全国各地のミニシアターの方々と、ミニシアターを愛する映画監督や俳優、著名人の方々などを交えたスペシャルトークライブ「#ミニシアターと私」を実施した。私はゲストの座組みやトークテーマの企画をしたほか、当日の進行も一部手伝った。6時間に及ぶ長時間の配信だったが、「ほぼすべてリアルタイムで見ました」と言ってくれた方も多く、チャット欄も常に活発に動いていて、映画と映画館への愛情と敬意に満ちた時間となった。

結果的にミニシアターエイド基金は、開始3日で当初の目標である1億円を達成し、約1ヶ月後の最終日には約3万人から3億円以上が集まった。金額もさることながら、それだけ多くの人が「ミニシアターを守りたい」と思っていることが可視化されたことに、胸が熱くなった。

正直に言えば、ミニシアターエイド基金に関わらせてもらうまでの私は、ユナイテッドピープル時代にお世話になった映画館以外のことをほとんど知らなかった。でも、一つ一つの劇場を深く見ていく中で、ミニシアターは実に多様性に富んでいることに気がついた。いわゆるシネコンと呼ばれる大型チェーンの映画館は、どこも同じような空間で、同じような映画作品が上映されていて、働いている人と個人的な会話をすることもない。一方、ミニシアターは劇場の雰囲気も一つ一つ異なれば、流している上映作品もそれぞれにカラーがある。そして経営している人たちの「顔」がよく見えて、会って話がしたくなる。

クラウドファンディングのサイトやSNSで寄せられた多数の応援メッセージを読んでいると、ミニシアターは一人一人にとって特別な記憶が詰まっている場所であることも感じた。ある人にとっては日常の喧騒から離れて違う世界へワープできる場所であり、ある人にとっては孤独をほぐす安心できる居場所であり、またある人にとっては自分らしい表現を貫く背中を押してもらえる場所であり……。ミニシアターのおかげで今の自分はある。そういう気持ちがこもった言葉をたくさん目にした。

さらに、ミニシアターは映画という文化の多様性を守る砦の一つでもあることを、ミニシアターエイド基金に携わる中で学んだ。たとえばこの先映画館が減少し、映画の届け先が配信中心になっていった場合、配信に合わせた作品ばかりが増えてしまうのではないか、といった声が映画関係者からあがっていた。暗闇の中で作品の世界に没入できる映画館と異なり、配信は展開が早く刺激が多くないと、離脱されてしまいやすい。鑑賞環境の主流が配信に変われば、配信に合わせた作品づくりに作り手の姿勢も寄っていくだろうと……。そもそもミニシアターで上映されるインディペンデント系の映画は配信に載らないものも多い。多様な感性をもつ人たちが日本全国でミニシアターを営んでいることによって、色とりどりの映画作品が居場所を得られるのだということも、ミニシアターエイド基金を通じて強く感じた。

このようにミニシアターエイド基金は、ミニシアターという場に積み重ねられてきた数多くの記憶の貴重さや、リアルな空間が担っている役割の多様さなどを改めて深く気づかせてくれた。しかしその後、残念ながら閉館が決まってしまった映画館もあれば、ミニシアターエイド基金の時に必死に踏ん張っていた代表の人が現場を離れてしまった劇場もある。

コロナ禍という危機的な状況に直面し、多くの人たちの思いが集結したミニシアターエイド基金はとても大きな意味をもっていたと思う一方で、やはり、緊急時だけでなく平常時から、私たちは自分たちが大切だと思うものへの想いを届け、守るための行動を起こしていく必要があるのではないかと、状況が落ち着いてきた今改めて思う。それはおそらく、ミニシアターだけではなく他のものに対しても同様であろう。本書はまさに、インタビュイー一人一人が守りたいものが何なのか、そのためにどうするのか、を問うてきた本でもあると思う。あなたが失いたくないもの、大切にしたいものは何ですか?

もうひとつの「はじめに」

――〈弱国史〉概論

岡田林太郎
Rintaro Okada

「私も岡田さんと本を作りたい！」

本書を作る最初のきっかけを思い起こしてみると、ひとえにこの想いだった。どういう内容の本を作るかは、その時何もアイディアがなかったが、ひとり出版社・みずき書林の岡田林太郎さんと私も本を作りたい。それがすべてのきっかけだった。

岡田さんとの出会いは２０１８年夏。本書にも登場する大川史織さんが監督した映画『タリナイ』の劇場公開を手伝っていた時、史織さんから

「映画と姉妹のような関係の書籍『マーシャル、父の戦場』を劇場で販売したい」と相談を受け、もちろん快諾した。

そうして版元であり編集者である岡田さんと出会った。もともと歴史関連の書籍を数多く出版している出版社で社長をしていた岡田さん。初対面の時は、今振り返ると笑ってしまいそうなほど、お互いとても緊張していて、「ものすごくいい人そうだけれど、真面目で堅そうで、仲良しにはならないかなあ」と思っていた。

だが、劇場公開がスタートしてみたら、岡田さんは文字通り毎日、お客さんとして映画を観に来てくれたのだ！　チケットも自分で購入して……。そうして連日顔を合わせるうちに距離は近づき、いつしか、マーシャルのことをより多くの人に届ける一つのチームの仲間のように感じ始めた。

私は映画、岡田さんは本と形は異なるものの、作品を背後から支え、より多くの人に届けるために力を尽くしている点で、似た役割を担っているようにも思えた。本書で言うところの「世界を配給する」ひとりだ。また、携わった本を心から愛し、全身で熱量を注ぐ岡田さんのような編集者は、本を書く人にとって貴重な存在だろうということも深く感じた。

その後、『タリナイ』のプロデューサーである藤岡みなみさんも岡田さんとＺＩＮＥを複数冊出版。それならば、同じチームの私も岡田さんと本を作りたい！　何かの機会にお会いした時、その思いを岡田さんに伝えたところ、「いいですね。ぜひやりましょう」と軽やかに答えてくれた。とはいえ、どんな本を作るかは何のアイディアも浮かばないまま月日は流れた。

2019年12月。私が宣伝を手伝っていた、アフガニスタンの少女のアニメ映画『ブレッドウィナー』を岡田さんが観に来てくれ、ブログで紹介してくれた。その内容は、「え！　一回観ただけでここまで深い考察ができるの⁉」と驚くものだったので、ぜひみずき書林のブログでチェックしてほしい。そのなかで岡田さんは、映画の舞台であるアフガニスタンを「強国の戦争に巻き込まれていく辺境の〝弱国〟」の一つとして書いていた。

岡田さんは本を通じて「弱国史」を伝えることに強い想いがあると、それまでに何度か聞いていた。思えば、私が配給や宣伝に携わった映画も「弱国」と関係しているものが多い。そうした国々の面白さや魅力を語ってくれる人たちにも出会ってきた。さまざまな国と国の間に、類似したり共通している点も多く感じてきた。それならば、その国々を横断して見るような本を作ったら、より立体的に世界の過去と今が見えてくるのではないか。

早速岡田さんに、こういう内容の本はどうでしょうとメッセージを送ったところ、おもしろそうですね、と良い反応が返ってきた。その後、一緒に企画の内容を詰めて、2020年秋頃から本格的に本作りをスタートした。

5人全員のインタビューが終わって少し経った2021年9月、岡田さんからメールが届いた。「今日はちょっとご報告です。あんまりいい話ではないです。というか、僕がこれまでアーヤさんにお伝えしたなかでも最悪のお話です」。そういってブログのリンクが貼られていた。クリックする前、もしかしたらみずき書林が経営的に厳しい状況になって、出版が難しくなったのだろうか、と私は予測した。

だがクリックした先のページにはまったく思いもしなかった言葉が綴られていた。「病気について」というタイトルで書かれたそのページには、ステージ4のスキルス胃がんが見つかったこと、手術による根治はほぼ不可能であることが書かれていた。それから丸2日間、私は泣き続けた。でも、私がいくら泣いても病気が治るわけではない。私ができることはこの本を作り上げることだ。そう気持ちを切り替えた。

とはいえ、私の遅筆のせいで、それから月日が経ってしまい、岡田さんに編集してもらうことは難しくなってしまった。でも、可能な範囲で伴走し続けてくれている。

前置きが長くなったが、岡田さんの体調がまだよかった頃、「本のなかに岡田さんとの対談も載せたい」と話していた。岡田さんの「弱国の側から世界の歴史を見つめ直す」というヒントがなければ、この本は生まれなかったし、歴史というものと長年向き合ってきた岡田さんの言葉を、この本に刻みたいと思ったからだ。そんな想いから、岡田さんがブログで4本に渡って綴った「弱国史論」を、岡田さんの同意のもと、ここに転載する。

この本の「生みの親」とも言える岡田さんの想いと、岡田さんの「世界を配給する」熱量を直接感じてもらえればと願う。

〈弱国史〉概論――1／4 「弱国史」とは何か

更新日：２０１９年12月30日

「弱国史」あるいは「弱国史観」

ということを、しばらく前から考えています。
正確にいうと、この架空の企画を思い付いたのは２０１７年の春頃だったと思います。

聞きなれない言葉だと思いますが、僕の造語です。
Google検索したところ、まったくヒットしません。
以前僕が書いたブログが挙がるくらいです。

「弱国」ということばはあります。
読んで字のごとく、国力の弱い国という意味であり、小国とほぼ同義です。
経済・政治・軍事面で国際的な影響力が少ない国といってもいいでしょう。

ここで僕が考えてみたい「弱国」には、もちろん結果的にそういう意味も含まれることになりますが、それ以外の意味を持たせたいと思っています。

・日本との関係が弱い（とされている）国

新たに付与したいのは、この点です。

学校で教わる歴史は、政治史であり外交史です。文明が始まるごく最初期を除いて、我々は政治史と外交史を指して、歴史と呼んでいます。国家間の歴史と言ってもいいでしょう。

それはつまり、「強国史」でもあります。

最近の、たとえば高校の世界史の授業がどういうカリキュラムなのかは詳しくありません。でも僕が高校生だったころは、世界史といえば強国間の歴史を教えるものでした。

その視点は4大文明の発生以降、基本的に、ヨーロッパ・イスラム世界と中国世界を交互に行き来する編年体でした。

途中からアメリカとロシア（ソ連）いうアクターが登場して大きく取り上げられていきますが、基本的には世界のヘゲモニーを握っていたのは西洋社会と中国社会で、近代に到って前者が後者を駆逐し、さらにアメリカがソ連も含めてすべてを凌駕する、という構造で語られていたように思います。

そこではたとえば、東欧圏、東南アジア、西アジア、オセアニア、南アメリカ、アフリカなどの地域は、「その他大勢」という扱われ方以上はされていませんでした。

つまるところ、教科書的な、大きな物語である歴史は、基本的に「強国史」を描いてきました。

そこであえて、「弱国史」「弱国史観」という仮想のジャンルを提唱してみたいと思っています。

〈弱国史〉概論――2／4 日本との関係を再発見する

更新日：2020年1月9日

その視点の最大の特徴は、弱さをそのまま弱点と捉えるのではなく、多様性の表現や特長へと変換することにあると考えています。

言い換えれば、弱さとは、単なるウィークポイントではなく、微かなつながりのことです。

よって弱国史は、逆説的なジャンルであるといえます。

ある弱国について考えれば考えるほど、実は弱国ではない（＝我々とのつながりがたしかにある）と実感することになります。

ここでいう弱国という概念は、浅瀬を超えて島に上陸するための桟橋のような、遠くの星に到るために切り離される燃料タンクのような、暫定的な役割を果たすことになるでしょう。

具体的な視角としては、

・語れることの少ない、日本との関係を見つけ直す
・政治的・経済的・軍事的な関係以外に注目する

となり、狙う効果としては、

・垂直的には、強国史を相対化する
・水平的には、隣国との関係を相対化する
・なによりも、国ではなく人を前景化させる

といったあたりでしょうか。
以下、大雑把に見ていきます。
まず、〈語れることの少ない、日本との関係を見つけ直す〉という点について。
あらためて書いておくと、ここで言う「弱国」とは、

「日本との関係が弱い（とされている）国」

です。

いままであまり注目されてこなかった、我々との関係をあらためて掘り起こし、発見し直すのが、弱国史の基本的な作業となります。


具体例を挙げます。

たとえば、2017年に前野ウルド浩太郎さんが、『バッタを倒しにアフリカへ』という本を出されました。

これは若き研究者である前野さんがアフリカはモーリタニアへと行き、バッタの食害を研究する……という科学ルポというか冒険ノンフィクション本です。

ごく控えめにいってものすごく面白い本なのですが、この本の功績のひとつに、モーリタニアという国を日本とつないだという面があると思っています。

僕もそうでしたが、モーリタニアについてほとんどの人が何も知らないと思います。日本のスーパーで売っている蛸の多くはモーリタニア産とのことです。

前野さんのこの本は、モーリタニアという国を紹介することを目的として書かれたわけではありません。しかしそのようなモーリタニアを、どこかにあるその他大勢の小国のひとつではなく、記憶に残る場所として読者に伝えることに成功しています。

あるいは皆さんは、セントビンセント及びグレナディーン諸島という国を知っているでしょうか。

カリブ海に浮かぶ島々からなる、人口10万人程度の小国です。

僕はこの国についてまったく知りませんでした。つい最近ある人に教わるまで、名前すら知りませんでした。いまでも名前くらいしか知らないのですが、この国の主要輸出品は葛だということです。

葛が主要輸出品である小国と、古来葛を利用してきた日本。もしかしたら関係があるかもしれません。

セントビンセント及びグレナディーン諸島に魅せられた人びとが、日々そのつながりを紡いでいるのかもしれません。

そういう国々とのつながりを知ってみたいのです。

〈弱国史〉概論――3／4　モノ・カネではなくヒト

更新日：2020年1月9日

次に〈政治的・経済的・軍事的な関係以外に注目する〉という視点について。

それぞれの国によって事情はまるで異なると思うので、一概には言えませんが、おそらく〈弱国史観〉では、政治・経済・外交・軍事といった強国間では重要なファクターは、背景を構成する要素にはなりえても、とりあげる主要な対象にはならないのではないかと予感しています。

というのは、日本との関わりが弱い（とされている）国は、多くの場合、辞書的な意味で国力が弱い国でもあるからです。

多くの場合、弱国には旧宗主国がいて、保護領や植民地となった歴史がある場合が多いでしょう（そういう支配国として日本がやってきたという国もたくさんあるでしょう）。あるいは、強国の論理の中で翻弄され、いまなおその渦中で紛争地や係争地となっている場合も大いにありうると思います。

商業的にみれば、たとえばモーリタニアであれば蛸、セントビンセント及びグレナディーン諸島では葛。正直、ビジネスパートナーとしても、最重要ではないかもしれません。

政治家や国際関係のアナリストであれば、〈その他〉のジャンルに入れるような国々です。

でもおそらく、いまはそういう国々との関係にどういう価値があるのかを見詰め直すべきときなのかもしれません。

なぜ「いま」なのかというと、そこにもいくつか強調すべき点があるような気がします。

まず、日本という国の国際的なプレゼンスが下がってきているという点があります。日本はもはや強国ではなくなりつつあります。

経済的・政治的なかつての地位を失い、辞書的な意味での強国ではなくなりつつあるいま、我々はそれに代わる価値を自らの中に見出せるのか。経済的な豊かさを失ったとしても、それでも仲良くしてくれる仲間を世界の中に持っているのか。

同時にそれと関連して、日本人が国を愛する方法が硬直化しつつあるとも感じています。自分を肯定するために他者を否定しなければならないのは、不幸で浅ましい態度です。近すぎる隣人たちとの関係が複雑化しすぎているなら、彼らと対話するヒントを得るためにも、これまで対話してこなかった〈弱国〉同士、互いの話に耳を傾けてみるといいのではないでしょうか。

直感ですが、おそらくそこには、物質的ではない豊かさがあります。

ごく簡単に言ってしまえば、その豊かさとは、人的交流ということになると思います。モノやカネの動きは、いわゆる〈強国〉の生み出すそれとは比べようもないでしょう。しかし、だからこそヒトが重んじられます。いまはアフガニスタンの中村さんが最適の例かもしれません。

どうやら「弱国史」が中心的に研究し取り上げるべきは、国だけではなく人だということになりそうです。

重ねて強調しておきますが、ここでいう〈弱国〉とは、単に弱小国であるという意味ではありません。我々との関係性が稀薄だとされている、つながりが弱いとされている国、という意味です。

だからこそ、そうではないことを知っている人びとの語りがとても重要になってきます。

「日本との関係が弱い（とされている）」と定義していることに再び注目ください。（とされている）というのがとても大事です。本当はそうではないのです。

日本とその国は本当はタイトな結びつきがあり、太くはないけれど確かな人的交流があるのです。見方を変えれば、実はわれわれは弱国同士ではないのです。

「弱国史」は逆説的なジャンルであると繰り返しておきます。それを考えてみることで、実際には「弱国」ではないことが判明します。

多くの人は弱いと思っていますが、実は強い。多くの人はそのことを知りませんが、知っている人は確かにいます。

だから「弱国史」では、まずそれを知っている人に登場してもらう必要があります。

〈弱国史〉概論――4／4　スタート地点とゴール

更新日：2020年1月9日

たとえば我々は、ブルガリアについてヨーグルト以外の何を知っているでしょうか。

たとえばモーリタニアでもセントビンセント及びグレナディーン諸島でもいい。

あるいはシリアでもケニアでもアフガニスタンでもコンゴでも。

あなたがそれらの国について何か知っていたら、ぜひ教えてほしい。


そういうひとつひとつの国をしっかり知っていて、そこの人びととしっかり結びついている日本人がいるはずなのです。

そういった人たちの話を聞くことから、すべては始まりそうです。


いまとある大学でやっている授業で、マーシャル諸島共和国を扱った本と映画をとりあげた際に、学生からの感想のひとつにこんなものがありました。

「マーシャルのことを今日初めて知ったが、日本と非常に親密な関係にあることが分かった。人生を変える何か、理論では説明できない動機が、自分にも欲しい」


その講義で話してもらった人がマーシャルで映画を撮った動機は、

「深いつながりがありながら知られていなかったこの国と人びとについて、もっといろんな人と話がしたかった」

からだったといいます。


手前味噌ながら、サイトに挙げている小社のやりたいことは、

「人と人との対話を生みだすような本を作ること」です。


以上、日本との関係が弱い（とされている）国を扱う架空の企画「弱国史」では、

・語れることの少ない、日本との関係を見つけ直す
・政治的・経済的・軍事的な関係以外に注目する

という考え方によって、教科書的な強国史の死角をつきます。


それは垂直的には、いままで自明視してきた強国史を相対化することになります。

いくつかの強国の関係史だけを知ることが、世界史を学ぶということではないはずです。

そしてそのように歴史をとらえ直そうとすることは、水平的には、隣国との関係を相対化することにもつながるでしょう。

あえてごく単純化して言ってしまえば、アメリカと中国とロシアと韓国との関係だけが国際関係ではないのです。もちろん、そういった隣人たちとの関係は重要です。でも、世界はそれよりももう少しだけ広いことは、あらためて知っておいてもいい。

そして「日本との関係が弱い（とされている）国」を知るために最も有効な方法として、弱国史は、国ではなく人を前景化させることになるでしょう。

弱国史という仮想のジャンルは、〈聞く〉ことでスタートするでしょう。

そして、（とされている）という部分をひとつひとつ外していき、「ほんとうは日本との関係が深い国」と認識を新たにすること、そこにも素敵な隣人たちがいると知ることが、ひとつのゴールになるでしょう。

おわりに

5人との旅からおかえりなさい。どんなストーリーが心に残ったでしょう？　行きたくなった国はありますか？　観たくなった映画は？　そして、これまで並べて語られることがなかったであろう5つの国・地域の間に、重なりやつながりを感じるところはありましたか？

「はじめに」で5人の共通項を何点か挙げましたが、書き終えて改めて読み返した今、気づいたことがいくつかあります。一つは5人もそれぞれに「世界の重なり合い」に目を向けている人たちであるということ。目の前の国・地域の出来事をそれ単体で捉えるのではなく、過去から未来へつながる歴史軸の中で捉えたり、国や地域の境界線を越えた大きな構造の中で見つめたりしています。そうした視点とともに語られる言葉は、私自身が目にしてきた世界や経験してきた感情とも、つながりのフックをかける場所を見つけやすく、自分にも関係していることとして感じやすくなるのだと思います。社会の問題に関心を向けるための第一歩としてよく挙げられるのが「想像力」ですが、「重なり合い」のもとに語られる言葉には、想像力を引き出す力があると思います。

また、本書では5人のことを「世界を配給する人」と称しましたが、相手の声を聞くことを第一歩にしていることも5人の共通点でした。聞いて、伝える。言葉で語られないところにも心の耳を傾けて、受け取ったものを伝える。そうやって現地でたくさんの声を聞き、多様な想いや生き様にふれてきたからでしょう。白黒つける単純化した語り方をしない点も、インタビューをしながら5人に共通して感じたことでした。相手のことを自分と同一視しすぎて勝手に代弁するのでもなければ、完全なる他者として切り離し、客体化しすぎるわけでもない。5人のそうした世界との向き合い方、「配給」の仕方が私は直感的に好きだったからこそ、本書の企画を考えた時にすぐ「この5人！」と思い浮かんだのだと思います。

みずき書林の岡田林太郎さんと本書の構想を練っていた時からもう一つ話していたことがあります。それは本書を読む人に、人生の選択肢の多様さを感じてほしいということ。5人は私から見て、みんなユニークで自由な人生の選択をしているなと感じます。自分の「やりたい」を貫いた道の上に生きているからだと思います。

私自身のことを振り返ると、かつて「このままだと、死ぬ時に恨みつらみを言ってしままいそう」と思ったことがあります。映画を通じて世界で起きている様々な問題について必死に発信するうち、いつの間にか私の中には「もっと多くの人が知るべき！考えるべき！」と義務感と他責の言葉が溢れてしまっていました。

でも、世界の問題はそう簡単に解決するはずもなければ、１００％解決したと言えるようなゴールもそもそも存在しないでしょう。そうすると死ぬ間際に「私はこんなに頑張ったのに、結局世界は変わらなかった」と怒りと恨みの気持ちが心を占めてしまいそうだなと思ったのです。

今振り返るとすごくおこがましいというか、視野が狭かったなと思います。ただあの時、このままでは自分が望まない未来に向かってしまうと気づいたからこそ、生き方の選択を、あるいは心の持ち様を変えなければと思えました。今は「しなければ」ではなく「したい」が心の基盤になっています。フリーランスになったことで、自分で選ぶ自由さとその責任により意識的になったことが一つの理由だと思いますが、何よりも人との出会いが大きいです。

本書でインタビューした5人のように、世界や社会で起きていること・起きてきたことに丁寧に目を向け、自分ができることを探求し続けている人たちと語らう時間は、根っこがつながっている感覚を得られて、喜びと安心感に包まれます。直接の出会いだけではありません。映画を通じた出会いの中にも同じ感覚があります。

「世界のことを知らなければ」「社会にもっと目を向けなければ」ではなく、「もっと出会いたい」が今の私の原動力です。出会い、知り、自分の中に誰かを想う心のひだが増えていくことを心の財産にしていきたい……。

様々な事情はありながらも、この「おわりに」を書くに至るまで、インタビューした時から3～4年も経過してしまいました。それぞれに人生のステージや胸中の変化もあったであろう中、あの当時の言葉と想いをこの本の中に刻むことを許してくれ、最後まで共に作り上げてくださった5人の皆さんには本当に感謝しかありません。原稿のやりとりの中でも温かい言葉を寄せてくださり、ああやっぱりこの方々にお願いしてよかったと何度も思いました。この先の人生でも、想いが重なり合うところでご一緒できることを願っています。

表紙の絵は、敬愛する内澤旬子さんに描いていただきました。世界各地を旅したのちに、瀬戸内に根を張り、地球とつながった暮らしを営む内澤さん。心の軽やかさをいつも感じる方で、そんな内澤さんの一言に助けてもらったこともあります。表紙絵を考えた時に、絵のテイストが好きだったのはもちろん、生き方も含めて内澤さんにお願いしたかったので、快諾してくださったことに改めて感謝を伝えたいと思います。

この本が生まれるきっかけをくれたみずき書林の岡田林太郎さん。普段の私は基本的にクライアントから声をかけてもらい、それをお手伝いをするような働き方のため、この本は生まれて初めての「自分発の作品づくり」だと感じています。初めての第一歩を踏み出す勇気と自信を贈ってくれて、ありがとうございました。完成した作品の感想を聞ける日を夢見て、もうしばらく私はこちらの世界で旅をし続けます。

病により伴走することが難しくなってしまった岡田さんに代わり、この本の編集を引き継ぎ「配給」をやりたいと手を挙げてくれた春眠舎の大川史織さんと藤岡みなみさん。今回も、私だけでは気づけない多様な立場からの視点で原稿を見て、細かい言い回しまでこだわって考えてくれたお二人に、尊敬の念をあらたにしました。私のこれまでの経験や抱いている想いに対しても「それはアーヤさんならではだから、ぜひ本書に入れましょう！」と愛をもって包み込み背中を押してくれたおかげで、一層「私らしい本」になりました。お二人は最高の編集者です！

最後に、私が世界に目を向け、自由な人生の選択をしてこられた背景には、母と父が、映画、本、演劇、アートといった世界中の表現に小さい頃から触れる機会をつくってくれたおかげだと思います。ぶつかったり泣いたり距離が離れたり、いろんなことがこの30年強の中でありましたが、大切な根っこの部分を養ってくれたことに感謝をこめて。

アーヤ藍

（あーや・あい）

1990年生まれ、長野県育ち。
慶應義塾大学総合政策学部卒業。
在学中にアラビア語の研修で訪れたシリアが
帰国直後に内戦状態になり、
シリアのために何かしたいという思いから、
社会問題をテーマにした映画の配給宣伝を行う
ユナイテッドピープル株式会社に入社。
同社取締役副社長を務める。
2018年に独立。
「映画探検家」として、映画の配給・宣伝サポート、
映画イベントの企画運営、雑誌・ウェブでのコラム執筆などを行う。
アーヤはシリアでもらった名前。

世界を配給する人びと　遠いところの声を聴く

2024年7月3日　初版発行

編著者　アーヤ藍

発行者　大川史織＋藤岡みなみ

発行所　春眠舎

〒110-0004
東京都台東区下谷1-11-15 ソレイユ入谷2F reboot内
TEL: 080-5445-9183　FAX: 050-6864-7983
E-mail: info@shunminsha.com

印刷・製本　シナノ・パブリッシングプレス

組版　江尻智行

装画　内澤旬子

装釘　宗利淳一

ISBN 978-4-911232-00-2 C0095

〈バリアフリーデータのご案内〉
ご希望の方には、本書のテキストデータを提供します。
春眠舎までお問い合わせください。